住まいの建築計画

今村仁美・田中美都　著

学芸出版社

本書は2冊組!

本書は、姉妹本『住まいの建築設計製図』と
合わせて2冊組で構成されています。

1冊目(本書)： 木造住宅を設計する!(プランニング)

2冊目 ： 『住まいの建築計画製図』では、1冊目
で導き出したプランをもとに実際に図面
を描いてみる!

2冊目の内容 ✏

平面図や立面図などの意匠図、基礎伏図や床伏図などの
構造図の描き方を、順を追って説明しています。
一見難しそうに見える図面でも、1つ1つ描き進めることで、
簡単に描くことができ、理解も深まります。
ぜひ、図面を描くことにも挑戦してみましょう。

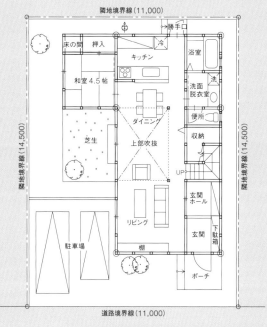

平面図

立面図

<u>グレーで描かれた図面をダウンロードし、</u>
<u>なぞることで図面の描き方を学べます!</u>

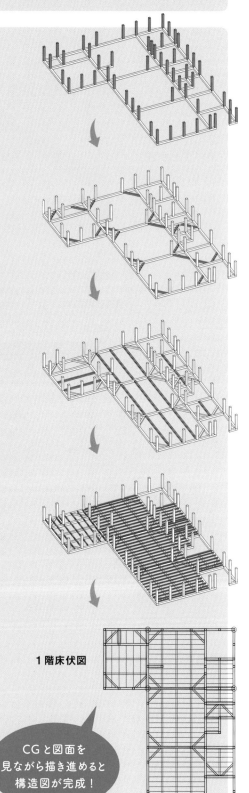

1階床伏図

CGと図面を
見ながら描き進めると
構造図が完成!

はじめに

　みなさんが生活する上で、最も深く関わる建物が住宅です。

　生活を豊かにするためには、快適な空間をつくるだけではなく、どのように生活をするのか、家族とどのようにコミュニケーションを図るのかを考えることが大切です。それが住まいの計画です。

　しかしそれらは、家族によって異なります。それぞれの家族にとって素敵な住宅を考えるためには、基本的な部屋の大きさを知るだけではなく、住み方のバリエーションや、個々の寸法を知る必要があります。そうすることで、よりよい提案ができるようになるでしょう。

　構造に関しても、せっかく素敵なプランを考えても、構造面で問題がある場合は、建てることが難しい場合や、必要以上にコストがかかることがあります。そのためには、基本的な構造を理解しておくことも必要です。

　その他にも、建築には独自の法律（建築基準法）が定められており、敷地に対する規制や、建物の中で健康に暮らすための基準が設けられています。

　住宅を建てる場合には、建築費用も大きな問題になります。

　また、日本の住宅は、時代の流れとともに、建物のかたちや暮らし方が大きく変化してきました。現在の便利な生活も大切ですが、昔の生活の良さや情緒のある暮らしにも目を向けることで新たな生活スタイルが生まれるかもしれません。

　本書は、それらを総合的に学べるように、イラストを用いて説明しています。

　本書により、住宅に関する理解を深め、「そこに住む家族にとって素敵な住宅をつくる」について考える手がかりになれば幸いです。

2021 年 8 月

著者

2章　プランニング

2 プランをまとめてみよう 107

3 章　プランニングをするときに確認すること　119

1 法規は誰のため? 何のため? 120

1 住宅の成り立ちを知る

江戸以前の土間の様子

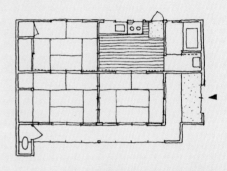

明治から明治前期の間取り

2 現代の住宅ができるまで

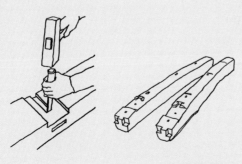

大工の手刻み

建築主との打合せの様子

1 住宅の成り立ちを知る

日本では、時代の移り変わりとともに住居の形や住まい方が大きく変化してきました。
まずは、その歴史を簡単に振り返りながら、住宅の成り立ちについて学んでいきましょう。

1. 尺貫法による単位と大きさ

（1）日本の寸法と単位

私たちの普段の生活では、m や cm の単位（メートル法）を使うことがほとんどです。しかし、木造建築物では今日でも昔ながらの尺貫法が用いられ、それをメートル法に変換した値が使われています。

① 長さ

尺貫法からメートル法へ、どのように変換するのかを見てみましょう。

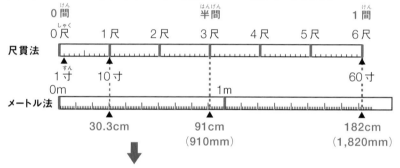

木造建築物では、現在でも尺貫法を用いて考えられている！

例）建物の間口 ： ○間 　　　道路側から見たときの建物の幅

　　柱の大きさ ： ○寸角 など 　　柱の断面の大きさ

木造建築物を設計するときには、尺モジュールを用いる！

グリッドの1マスを910mm（3尺）または1,820mm（6尺）として設計する。

尺貫法をメートル法で！

日本では、メートル法が用いられるようになるまでは「尺貫法」が用いられていた。尺の値は時代や地域によって異なっていたが、明治時代にメートル法との関係から、

<u>1尺は1mの10/33</u>

と定められた。

$$1尺 = \frac{10}{33}m ≒ 30.3cm$$

鉄筋コンクリート造（RC造）や鉄骨造（S造）では「m（メーター）モジュール」が用いられる。

尺モジュールとm（メーター）モジュールの大きさの違いを見てみましょう！

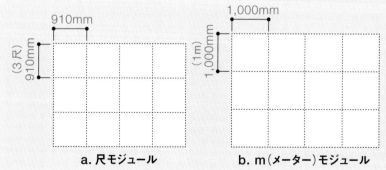

a. 尺モジュール　　　b. m（メーター）モジュール

aとbでは面積は異なりますが、部屋の大きさの表現は、いずれも**6帖**です。
（次ページ③参照）

② 建物の大きさ（尺貫法の場合）

日本では、建物の大きさを○坪と表すことがあります。これも尺貫法による表し方で、次のような大きさになります。

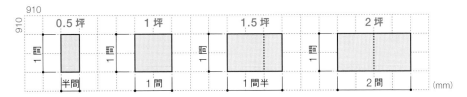

a. ○坪を m² に換算するには？　　○坪 × 3.3

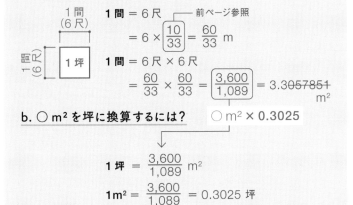

1間 = 6尺 ── 前ページ参照

$$= 6 × \frac{10}{33} = \frac{60}{33} \text{ m}$$

1間 = 6尺 × 6尺

$$= \frac{60}{33} × \frac{60}{33} = \frac{3,600}{1,089} = 3.3057851\ \text{m}^2$$

b. ○m² を坪に換算するには？　　○m² × 0.3025

$$1坪 = \frac{3,600}{1,089} \text{ m}^2$$

$$1\text{m}^2 = \frac{3,600}{1,089} = 0.3025 \text{ 坪}$$

畳の大きさは地域で異なる！

現在は、ほぼ統一されているが、古い住宅では地域性が表れる。

京　間：955 × 1,910（主に西日本）
中京間：910 × 1,820（主に愛知など）
江戸間：880 × 1,760（主に関東など）
　　　　　　　　　　　　　　（mm）

団地（公団など）のサイズは、
団地間：850 × 1,700（mm）

同じ6帖でも広さがずいぶん違うように感じるのはこのため！

③ 部屋の大きさ（尺貫法の場合）

以前は、部屋のほとんどが畳敷きだったため、部屋の大きさを○帖と表していました。近年では畳の部屋は少なくなりましたが、今でも尺貫法が用いられているため、畳の部屋以外でも○帖と表すことが多いようです。

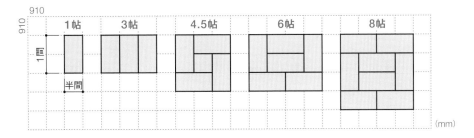

実際の畳の大きさは？

実際には、壁に囲まれた内側に畳を敷くため、畳の大きさは少し小さくなる。

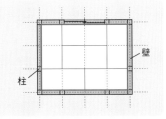

2. 生活スタイルの変化と住まい

（1）暮らしを支える住まいとコミュニティの変化

生活スタイルの変化によって、地域のコミュニティがどのように変化してきたかを見てみましょう。

江戸以前

土間のある生活

・炊事
土間にかまどを設け、炊事をしていた。

・生活スタイル
土間が玄関であり、作業スペースでもあったため、道具の手入れをしたり、かまどで腰を曲げて炊事をしていた。床は板張りだった。

明治前期

キッチンのある生活

・炊事
水道や電気、ガスの普及により、板の間に台所を設け、立ったまま料理ができるようになる。

> 大正時代に台所が改善されたものの、都心部に限られ、全国に普及するのは第二次世界大戦後以降となる。

・生活スタイル
部屋には畳が敷かれ、襖や障子で仕切られていたため、用途に応じて2部屋をつなげるなど、自由に部屋の大きさを変えることができた。

昭和中期

個室のある生活

・炊事
システムキッチンが一般化し、家の中心にキッチンを配置することができるようになった。また、キッチンとダイニング、リビングを1つの空間にすることで、料理をしながら家族の様子がうかがえるようになった。

・生活スタイル
個人が部屋を持つようになり、家族同士が顔を合わせる時間が減少した。

コミュニティ

集落で助け合いながら生活していた。

地域で助け合いながら生活していた。

> 鉄筋コンクリート造の普及により、立体的な集合住宅ができる。

集合住宅内でコミュニティが生まれ、地域とのコミュニティが希薄になり始める。

集合住宅内でもコミュニティが希薄になり、地域とのコミュニティはますます希薄に。

近年では、住宅地でもコミュニティが希薄になってきた。

> 災害時などでは、地域との連携が必要になります。地域とどのように関わっていくかなども考えたいものです。

生活スタイルは、設備の発展や西洋文化の影響により大きく変わりましたが、昔の生活にも今にはないよさがあります。日本のよさも取り入れた快適な住宅についても、考えていきたいものです。

（2）移り変わってきた住宅の間取り

住宅の間取りがどのように変化してきたかを見てみましょう。

室町～江戸時代

ダイドコ（居間）

ナンド（寝室）

ニワ（作業場）

オモテ（客間）

・時代が進むと板間が畳敷きになる
・縁側も見かけるようになる

明治～昭和前期

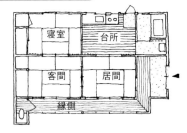

寝室　台所
客間　居間
縁側

・縁側がある
・台所がある

昭和前期～昭和後期

玄関
DK
応接室
居間

吹抜
主寝室　子供部屋

西洋の文化に影響をうける

明治～昭和前期

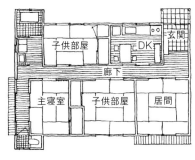

子供部屋　DK　玄関
廊下
主寝室　子供部屋　居間

・個室がある
・部屋から部屋への移動のための廊下がある
・平屋建てだが、屋根裏がある

屋根裏の空間が2階建てに変化していきます。

・2階建てになる
・応接室がある
・じゅうたん敷きの部屋がある
・玄関ホールに吹抜がある

DK
ダイニングとキッチンが1つの空間にあること。

客人をもてなすために設けることが多かったようです。

昭和後期～

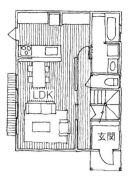

LDK
玄関

主寝室
子供部屋
子供部屋

・建物の形状がシンプルになる
・床の仕上げがフローリングになる
・和室や客間のないプランが多くなる

LDK
リビングとダイニング、キッチンが1つの空間にあること。

平成～

近年では、左図の間取りがベースとなり、その発展形として、豊かな生活スタイルを重視するプランが見られるようになる。

・リビングなどに吹抜を設ける
・ウッドデッキなどを設ける
・家事スペースを設ける
・建物内に物干しスペースを設ける など

客人をもてなすためではなく、**家族のコミュニケーションを図るために**吹抜を設けることが多いようです。

（3）西洋スタイルとモジュール

戦後、西洋文化が入ってきたことで、生活スタイルや住宅の間取りなどは大きく変化しましたが、モジュールはどうなったのでしょう。

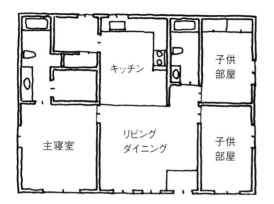

西洋スタイルでは、主寝室や子供部屋それぞれに浴室（トイレ、洗面、浴槽が一体）を設ける場合が多いが、日本では一般的に家族に対して浴槽を1つ設ける場合が多い。

西洋では、「**m（メーター）モジュール**や**ft（フィート）モジュール**」が用いられている。

西洋スタイルになったものの、モジュールは？

建物は西洋スタイルになったが、建物を建てる大工は、昔から使われている**尺モジュール**を使うことが多い。

大工、建材の規格ともに尺モジュールのため、これから先も、木造建築は尺モジュールで建てられるのでしょう！

建材（柱などの角材や壁などに用いる板材など）も、尺貫法によって大きさが決められている。そのため、**日本の木造建築物は、建物の高さや部屋の大きさ、プランも尺モジュールで考える。**

木造建築物用の建材は尺貫法に沿ったサイズで販売されているので、コスト面でも効率的！

a. 柱の断面サイズ

3.5寸角の柱：105×105 mm
4寸角の柱　：120×120 mm
5寸角の柱　：150×150 mm

b. 板材のサイズ

三六板（3寸×6寸）：910×1,820 mm

STEP UP　現代の和室はどのように生まれたの?

江戸時代以前の建築様式（部屋の造り）が、現代までどのように変化してきたかを見てみましょう。

寝殿造
しんでんづくり
平安時代の貴族の屋敷の様式

儀式の場として利用される「南庭」に面して建てられた正殿を「寝殿」と呼ぶ。プライベートな空間「対」は寝殿の奥や脇に設けられた。

間仕切り壁はなく、屏風や几帳などを用い、畳や筵で座る場所を設けていた。

柱の形状は、丸柱だった。

↓

書院造
しょいんづくり
室町時代から江戸初期の住宅様式

畳が敷き詰められた座敷に、床の間、付け書院、違い棚などの座敷飾りを備えた部屋を「書院」といい、書院を中心に建てられた。

部屋は障子やふすまで仕切られ、座敷飾りや床の段差によって身分格差も表されていた。

柱の形状が、丸柱から角柱に変わる。

現代の書院造

床の間のある一般的な和室。

↓

数寄屋造
すきやづくり
安土桃山時代に生まれた茶室から発展した様式

千利休によって完成された「茶の湯（数寄）」のための空間

権力を表した書院造の格式や様式を究極までそぎ落とし、数寄屋と呼ばれた。

自然との調和が特徴で、竹や杉皮を天井に張ったり、壁を土壁にするなど、自然を活かすことを大切にした。

藪内家「燕庵」

現代の数寄屋造

形式にとらわれないモダンな和室。

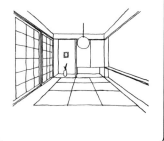

（4）時代とともに多様化する住宅請負のかたち

住宅請負のかたちが時代とともにどのように多様化し、展開してきたかを見てみましょう。

 江戸以前

| 地元の棟梁（○○組など）に依頼 |

棟梁が間取り図をもとに、現場作業で建てる。
家具なども、大工がつくることが多かった。
<u>造作家具</u>

台所は土間、便所はくみ取り、お風呂は銭湯へ、電気は碍子（がいし）など、設備工事はほとんど必要がなかった。

大工がすべての工事を行うことができた。

 明治前期

| 地元の工務店に依頼 |

建築主から、希望の部屋数を聞き、工務店が描いた平面図や立面図をもとに現場作業で建てる。

設備が発展し、配管工事なども必要となり、設備業者などが現れ、分業体制になる。

 昭和中期

| ハウスメーカーの出現により、依頼先の選択肢が増える |

1960年代、ハウスメーカーの出現により、プレハブ住宅や規格住宅などが一般化され始める。

※ 1959年、初のプレハブ住宅「ミゼットハウス」が大和ハウスから発売される。その後、トイレや台所が備わった現在のプレハブ住宅へと進化してゆく。

 昭和後期

| 一般向けの建築雑誌などで、設計事務所が選択肢の1つに |

それまで設計事務所は少し敷居が高かったが、建築雑誌などで個性的な住宅が注目されるようになる。

※ 1950年代から建築家によって住宅が建てられてきたが、一般的ではなかった。

 平成時代

| 生活スタイルを重視するハウスビルダーが新たに参入 |

木材の接合部分の加工も、手刻みから機械化へ！

手刻み

大工が、木材のかんながけ、柱や梁の仕口の刻みなどをした。

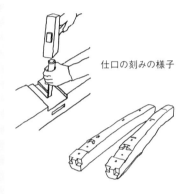

仕口の刻みの様子

腕のいい大工であればよいが、そうでない場合は、施工に不安も。

 大工の高齢化や技能不足などが進む。

1980年代後半

プレカット加工

工場で木材を加工し、<u>現場で組み立てる</u>。

「建て方」という職種が新たに増える。

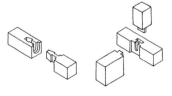

製品として安定しているが、木の節や向きなどに関係なく加工されるため、強度がばらつく欠点もある。

住宅の設計・施工の主な業種と特徴

近年では、大きな違いはなくなりつつありますが、それぞれの特徴を見てみましょう。

工務店

（設計）・施工

地域に密着していて相談しやすい親しみやすさがある。地域の事情も熟知している。
設計の自由度も比較的高く、ハウスメーカーでは対応してくれない変形した敷地にも対応してくれる。

設計は外部に委託したり、設計事務所から施工のみを請け負う場合もある。

規模：地域内が多い

設計事務所

設計・工事監理

設計の自由度は最も高く、ハウスメーカーや工務店に応じてもらえないような細かな要求にも対応してくれることが多い。
ただし、「デザイナー」ゆえのこだわりや好みがあるので、自分にあった事務所を見つけて丁寧な打合せをする必要がある。

工事では、設計事務所が工事監理を行い、施工を工務店などが行う場合が多い。

ハウスメーカー

設計・施工

品質の安定した規格住宅を全国規模で提供する。住宅展示場などで完成品を見ることができ、家のイメージがしやすく、安心感がある。
メーカー独自の構造体を売りにしているため、規格外の対応になると費用が高くなる場合もある。

規模：全国規模が多い

ハウスビルダー（ビルダー）

設計・施工

限られた地域の中で住宅を提供するため、地域から信頼を得ている会社も多い。
注文住宅中心と建売住宅中心の会社がある。
注文住宅では、設計の自由度も高い。

規模：県内や隣接する 2～3 県内が多い
※規模により、呼び方が異なる。

設計と施工が同じ会社の場合

連携が取れて設計から施工までスムーズに運ぶ。ただし、外部のチェックが行われないため、施工不備を見落としてしまう場合もある。（もちろん正しく施工が行われる場合の方が多い）

工事監理と施工が別々の場合

設計事務所が現場をチェックするため、施工不備は起こりにくい。

2 | 現代の住宅ができるまで

住宅を建てるときには、まず建築主の要望を聞き取り、それに添ったプランを提案します。
プランが決まれば、次は建築工事です。その過程を見てみましょう。

1. 設計から完成までの流れ

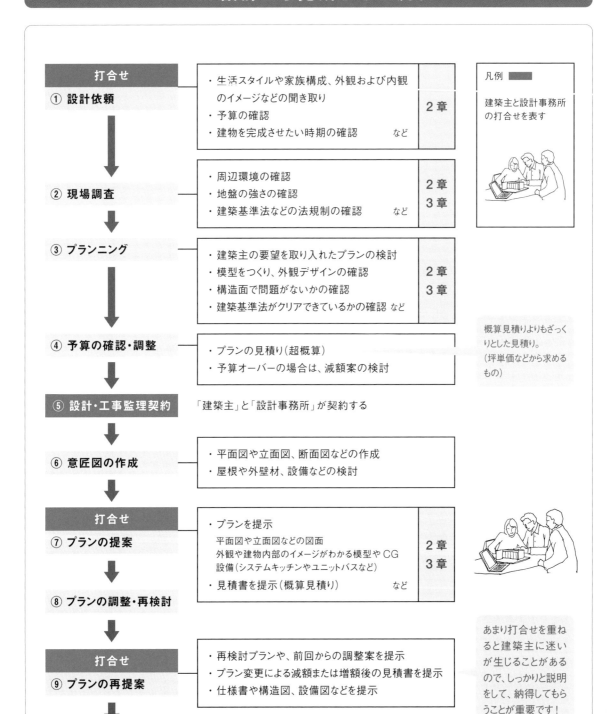

打合せ
① 設計依頼
- 生活スタイルや家族構成、外観および内観のイメージなどの聞き取り
- 予算の確認
- 建物を完成させたい時期の確認　など
2章

凡例 ▬
建築主と設計事務所の打合せを表す

② 現場調査
- 周辺環境の確認
- 地盤の強さの確認
- 建築基準法などの法規制の確認　など
2章
3章

③ プランニング
- 建築主の要望を取り入れたプランの検討
- 模型をつくり、外観デザインの確認
- 構造面で問題がないかの確認
- 建築基準法がクリアできているかの確認 など
2章
3章

④ 予算の確認・調整
- プランの見積り（超概算）
- 予算オーバーの場合は、減額案の検討

概算見積りよりもざっくりとした見積り。
（坪単価などから求めるもの）

⑤ 設計・工事監理契約
「建築主」と「設計事務所」が契約する

⑥ 意匠図の作成
- 平面図や立面図、断面図などの作成
- 屋根や外壁材、設備などの検討

打合せ
⑦ プランの提案
- プランを提示
  平面図や立面図などの図面
  外観や建物内部のイメージがわかる模型やCG
  設備（システムキッチンやユニットバスなど）
- 見積書を提示（概算見積り）　　　　　など
2章
3章

⑧ プランの調整・再検討

打合せ
⑨ プランの再提案
- 再検討プランや、前回からの調整案を提示
- プラン変更による減額または増額後の見積書を提示
- 仕様書や構造図、設備図などを提示

あまり打合せを重ねると建築主に迷いが生じることがあるので、しっかりと説明をして、納得してもらうことが重要です！

※構造計算をする場合もある

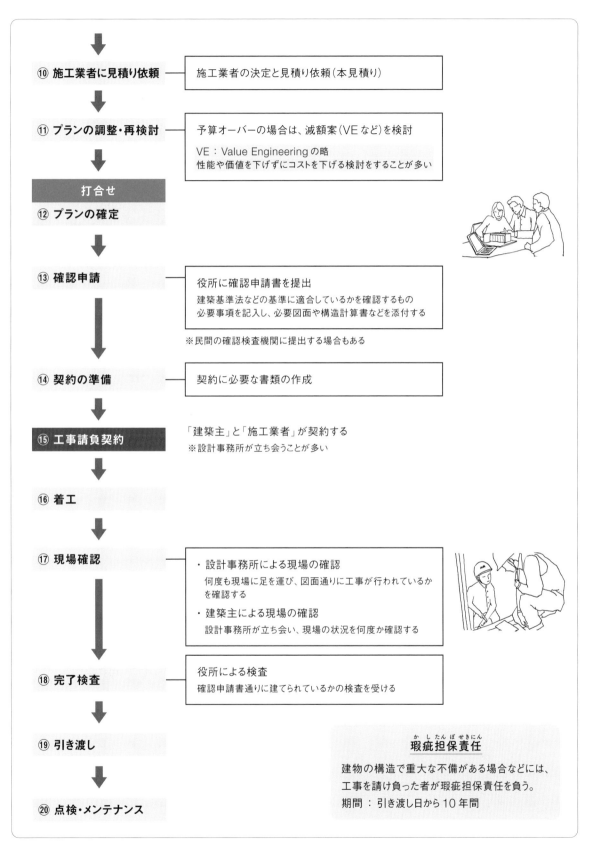

⑩ **施工業者に見積り依頼** — 施工業者の決定と見積り依頼（本見積り）

⑪ **プランの調整・再検討** — 予算オーバーの場合は、減額案（VEなど）を検討
VE：Value Engineering の略
性能や価値を下げずにコストを下げる検討をすることが多い

打合せ
⑫ **プランの確定**

⑬ **確認申請** — 役所に確認申請書を提出
建築基準法などの基準に適合しているかを確認するもの
必要事項を記入し、必要図面や構造計算書などを添付する

※民間の確認検査機関に提出する場合もある

⑭ **契約の準備** — 契約に必要な書類の作成

⑮ **工事請負契約** — 「建築主」と「施工業者」が契約する
※設計事務所が立ち会うことが多い

⑯ **着工**

⑰ **現場確認** — ・設計事務所による現場の確認
何度も現場に足を運び、図面通りに工事が行われているか
を確認する
・建築主による現場の確認
設計事務所が立ち会い、現場の状況を何度か確認する

⑱ **完了検査** — 役所による検査
確認申請書通りに建てられているかの検査を受ける

⑲ **引き渡し**

⑳ **点検・メンテナンス**

瑕疵担保責任
建物の構造で重大な不備がある場合などには、
工事を請け負った者が瑕疵担保責任を負う。
期間：引き渡し日から10年間

木造住宅の工事の流れも見てみましょう！

2. 木造住宅の工事の流れ

一般的な木造住宅の工事の流れを見てみましょう。

❶ 基礎工事　基礎の工事を行う。

地鎮祭
工事を始める前に、氏神様に土地を使用する許しを請い、工事の安全や完成した家の繁栄を祈願する。

基礎工事

❷ 建て方　建物の骨組み（柱や梁など）を組み立てる。
近年では、木材を工場でカット（プレカット）し、現場で組み立てることが多い。
（建物があっという間に建ち上がるのはこのため）

建て方

❸ 屋根工事　建物の骨組みができると、
まず屋根を仕上げる。
建物内に雨が入るのを防ぐ効果がある。

上棟式
工事の無事を祈願する。近年では、工事関係者をねぎらう意味が強い。上棟式を行わないことも多い。

屋根工事

❹ 建具工事　外壁の金属サッシを取付ける。
内部の建具は、内装工事のときに取付ける。

建具工事

❺ 外壁工事　外壁を仕上げる。

外壁工事

❻ 設備工事
・キッチンや洗面、トイレ、浴室などの水回りの配管工事を行う。
・電気や空調などの配線工事を行う。　など

内装工事

❼ 内装工事
・壁や床を仕上げる。
・キッチンや洗面台、便器などを設置する。
・内部の建具を取付ける。

❽ 外構工事
・ポーチや駐車場を仕上げる。
・植栽を配置する。　など

建築費用はこれらの工事ごとに見積る！
⇩
3章 ❷ 建築費用を求める（p.143〜150）

STEP UP↗ **建築には、設計だけでなく
いろいろな業種がある！**

建築は、人々の生活に大きく関わる素敵な仕事です。
建築に関するさまざまな知識を学ぶことで、総合的に考え、
提案する力が身につきます。
また、さまざまな業種の中から、自分の得意とするもの、
興味のある業種を選ぶことができます。

まずは、いろいろな知識を知ることから始めましょう！

設計にも種類が！

意匠設計
構造設計
設備設計

プランを考えるだけが設計ではない！

公務員も！

役所の建築課

確認申請の業務など、申請された建物が、
建築基準法などの基準を満たしているか、
正しく建てられているかなどのチェックを行う。

1章 プランニングの前に知っておきたいこと

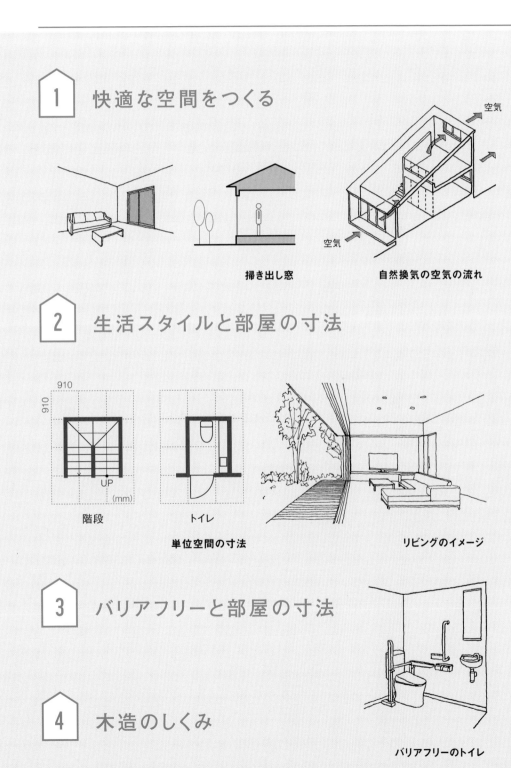

1 快適な空間をつくる

空気

掃き出し窓　　　自然換気の空気の流れ

2 生活スタイルと部屋の寸法

910

910

UP

(mm)

階段　　　トイレ

単位空間の寸法　　　リビングのイメージ

3 バリアフリーと部屋の寸法

4 木造のしくみ

バリアフリーのトイレ

1 快適な空間をつくる

建物の中で快適に暮らすには、外からの視線を遮る、外気の温度の影響を受けない、新鮮な空気を取り込むなどの工夫が必要です。それには、建物の形状や窓の配置などが大きく関わります。
また、けがをしないように扉の開き方を考えるといった配慮も必要です。
建物の設計には、快適で人に優しい暮らしの提案が求められます。

1. 空間を構成するもの

(1) 壁

壁は空間を仕切る役割だけでなく、外気温を建物内に伝えないようにしたり、外部や隣室からの物音を遮断するなどの役割もあります。

空間と壁

空間：壁や柱などで囲まれたスペース。

壁　：モジュールに沿って柱を配置し、その両側に板材などを張ったもの。

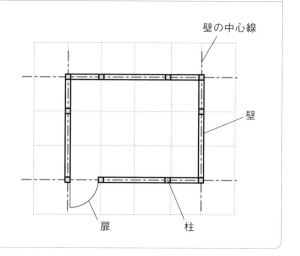

壁の中心線は、柱の中心！

壁の厚さは、外壁と内壁、仕上げ材などで異なるが、壁の中心線は、壁厚に関係なく柱の中心！
面積の計算も壁の中心線を基準に行う。

外壁と内壁（間仕切り壁）の厚さの違い

a. 外壁 ： 屋外と内部を仕切る壁

壁の外側　　壁の内側
モルタル塗り＋クロス貼り：厚さ140mm程度

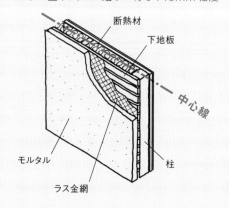

b. 内壁（間仕切り壁） ： 部屋と部屋を仕切る壁

クロス貼り＋クロス貼り：厚さ120〜130mm

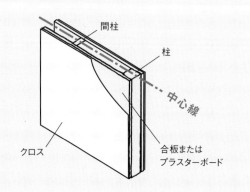

（2）建 具

建具には、人が出入りするための「扉」と、室内環境を快適に保つための「窓」があります。

① 扉

部屋の用途や場所などに適した開き方を選択しましょう。　　「扉のデザインと用途」は p.26 参照

1. 扉の種類と図面の描き方

窓の種類		図面の描き方	特徴
開き戸	a. 片開き戸		一般的に、部屋への出入口に用いられる。 扉を開けたときに、外側を歩いている人に当たらないよう、開き方に配慮が必要。
	b. 両開き戸	 親子戸	玄関扉などに用いられることが多い。ガラス扉は、リビングへの出入口などにも用いられる。
引き戸	a. 引き違い戸		和室のふすまや収納の扉などに用いられる。
	b. 引き戸		開き戸では狭い場所などで多く用いられる。 車いすを使用する場合に用いられることも多い。
	c. 引き込み戸	 引き込む部分の壁厚が大きくなる	リビングなどで、隣の部屋と一体的に使いたい場合などに用いられる。 扉をすべて壁の中に引き込むため、開放的な空間になる。 扉の枚数が多い場合は、引き込む部分の壁厚が大きくなる。
折れ戸		 クローゼット	クローゼットの扉などに用いられる。

①扉

2. 扉の開き方に注意

扉の開き方は安全面や使いやすさに関わるため、部屋の位置や状況に合わせて開き方を決める。

a. 外開き

廊下を歩いている人にとっては、予期せず扉が開いて接触するおそれがあるため、室内から廊下に出る扉は基本的に内開きにする！

b. 内開き

c. 引き戸

室内を有効に使う場合に効果的。接触のおそれもない。

STEP UP 外開きは工夫が必要！

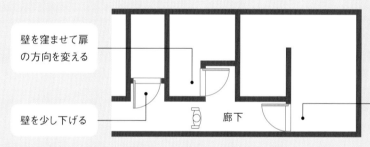

壁を窪ませて扉の方向を変える

壁を少し下げる

外開きだが、奥まっているので、廊下にいる人に当たる危険が少ない

玄関扉は、外開き or 内開き？

日本では外開き

室内に上がる前に玄関で靴を脱ぎ置く文化があるため、また、内開きの場合には扉に付いた雨水が玄関に落ちるため、外開きにする。

外国では内開きが多いのはなぜ？

防犯面では内開きの方が外部からの侵入を防ぎやすいため、外国では内開きが多い。

①扉

引き戸 or 開き戸、どちらがいいの？

a. 引き戸

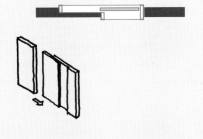

・**引き戸**は扉の開閉を気にしなくていい！
引き戸は開けっぱなしにしていても邪魔にならない！

・**引き戸**は意外にコストがかかる！

開き戸 ： 比較的施工が簡単。

引き戸 ： 引き込む部分の壁を薄くしたり、滑りをよく
するために、レールを敷くなどの手間が多い。
扉が重い場合には、さらに工夫が必要。

b. 開き戸

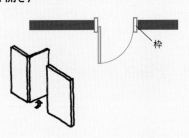

枠

・**気密性**では**開き戸**に軍配！

3. 和室の建具

「和室に多く見られる扉」は次ページ参照

a. ふすま（襖） ： 主に部屋と部屋を仕切る扉。
押入の扉などにも用いられる。

b. 障子 ： 外部の明かりをやわらかく取り込む扉。
廊下を挟んで外部の明かりを取り入れる場合など、空間を仕切る扉としても用いられる。
また、ガラス窓の内側に設けることで、直射日光を防ぐ効果もある。

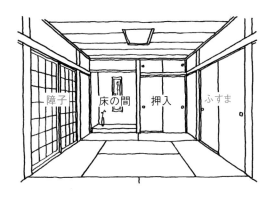

障子　　床の間　　押入　　ふすま

STEP UP↗ 扉にはいろいろなデザインと用途がある!

扉には、開け閉めをする以外に、光や視線、風を通す機能を持ったものもあります。また、部屋のアクセントにもなるので、空間のイメージに応じて選びましょう!

開閉機能のみの扉

a. フラッシュ戸
化粧板を両面に張った扉

b. 框戸（かまちど）
框を組んで板やガラスをはめた扉

取っ手

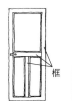

框

c. 縁甲板戸（えんこういたど）

d. 横板張り戸

e. 鏡板戸（かがみいたど）

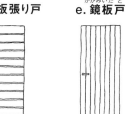

光や視線を通す扉

a. 額入りフラッシュ戸
フラッシュ戸の一部にガラスを入れた扉

ガラス

b. ガラス戸
框戸にガラスをはめた扉

ガラス

風を通す扉

ガラリ戸
視線は通さないがガラリを設け、風を通す扉

ガラリのない開き戸で風を通したい場合は、扉の下側を1cm程度開ける。

伝統的な扉

a. 格子戸
空間を仕切るための扉で視線は通るものが多い

b. まいら戸
板戸に横桟を入れた扉

和室に多く見られる扉

ふすま（襖）

a. 縁付襖（ふちつきぶすま）

一般的なふすま

引手

b. 太鼓襖

縁を極限まで見えなくしたふすま

切り引手
扉と同じ紙で仕上げた引手。

すり桟

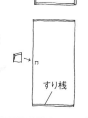

障子

a. 水越障子（みずこし）
（荒組障子）

最も一般的な組子の組み方で、横繁（よこしげ）、縦繁（たてしげ）などがある

c. 吹寄せ障子
（横桟障子）

モダンな和室などに用いられることが多い

b. 腰付き障子

障子紙が破れやすい足元部分に板を張った障子

d. 雪見障子

下側の障子の後ろにガラスがはまっており、障子を上げて景色を楽しむことができる

② 窓

窓は新鮮な空気や日光を取り入れるだけでなく、外観の印象にも大きく関わります。
目的やイメージに応じて効果的に選びましょう！

1. 窓の種類と図面の描き方

窓の種類	図面の描き方	特徴
a. 引き違い窓		最も一般的な窓。 リビングや寝室、子供部屋などに用いられる。
b. はめ殺し窓（FIX窓）		空気の出入りは不要で、光だけを取り入れたい場合に用いられる。 一面ガラスなので、景色を楽しむ場合に最適。 吹抜上部などで開閉できない場所にも用いられる。
c. ルーバー窓		主に洗面所や浴室などに用いられる。 空気は入れ換えたいが、外から内部を見られたくない場合などに効果的。
d. 滑り出し窓　e. 上げ下げ窓		部屋の空気を入れ替えたい場合などに用いられる比較的小さい窓。 建物の外観デザインなどを考慮して決めることが多い。
f. 片開き窓		窓が大きく開かないものは、防犯面でも効果的。

その他の窓の種類

a. 内倒し	b. 外倒し	c. 突き出し	d. 押出し
	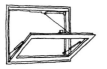		

②窓

2. 窓の材質の特徴

窓の材質	デザイン性	耐久性	室内への影響	価格
a. 木製建具	◎ 和風建築などの イメージが強調できる	△ 防腐処理が必要	△ 気密性に劣る	
b. アルミサッシ	△	◎	△ 室内の温度に 影響をおよぼす	◎ (安い)
c. 樹脂サッシ	○ カラーバリエーション が多い	△ 紫外線に弱く、色が 劣化する可能性がある	◎ 断熱性が高い	△ (高い)
d. アルミ樹脂 複合サッシ	外側をアルミ、内側を樹脂でつくられたサッシで、 近年では多く用いられている			○

既製品に対するコストの比較のため、造作の木製建具を除く。
また、サッシに用いるガラスの種類によっても価格が変わる。

3. 防犯や台風対策に効果的な窓

防犯対策として、1階の窓にシャッターや格子などを取り付けることが多い。また、台風対策として、物が飛んできて窓ガラスが割れるのを防ぐ効果もある。
近年では、1階だけでなくすべての窓にシャッターを設けることも多い。

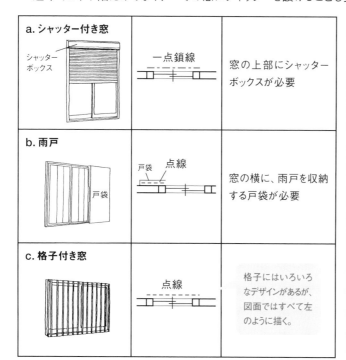

a. シャッター付き窓	一点鎖線	窓の上部にシャッターボックスが必要
b. 雨戸	点線	窓の横に、雨戸を収納する戸袋が必要
c. 格子付き窓	点線	格子にはいろいろなデザインがあるが、図面ではすべて左のように描く。

防災・防犯ガラス

ガラスの間に特殊フィルムを挟むことで、叩いても割れにくくしたもの。

特殊フィルム

絶対に割れないというものではなく、不審者がガラスを打ち破って侵入しようとするときに、時間がかかり侵入をあきらめる効果がある。

その他のガラスは「ガラスにはいろいろな効果がある！」を参照（次ページ）

STEP UP↱ ガラスにはいろいろな効果がある！

ガラスには透明なものだけではなく、安全で快適な生活ができるように、いろいろな機能を持つ
ものがあります。必要に応じて選びましょう！

一般的なガラス

・フロートガラス

リビングなどの屋内の扉には、フロートガラスの代わりに軽量で衝撃に強い樹脂ガラスやポリカーボネート、アクリルなどが使われることもある。

外部からの視線を遮る

・フロストガラス
・型板ガラス
・すり板ガラス

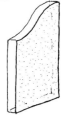

火の粉が入るのを防ぐ

・網入りガラス

ガラスに金網を封入したガラス。火災時のガラスの飛散を防止する効果が期待できるもの。

破損による大けがを防ぐ

・強化ガラス

フロートガラスの3倍の強度を持つガラス。
ガラスが割れると粒状になる。車のフロントガラスなどにも使われている。

断熱に効果がある

・ペアガラス

2枚のガラスの間に中空層を設けて、断熱性能を高めたガラス。
片方をLow-Eガラス（下記参照）にしたLow-E複層ガラス
（エコガラス）は高断熱を必要とする住宅によく使われる。
中空層が真空になっているものもある。
近年では、トリプルガラスも普及しつつある。

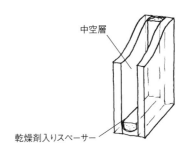

中空層

乾燥剤入りスペーサー

室内で快適に過ごす

金属膜

省エネ‼

・Low-Eガラス

特殊な金属膜をコーティングして、断熱性能を高めたガラス。
住宅のペアガラスに用いられる。

その他

・ガラスブロック

中空の箱型のガラス。採光や防音、断熱、防犯に優れている。
目隠し効果もある。

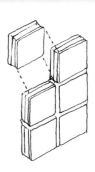

2. 快適な住環境をつくる工夫

（1）採光とプライバシー

家を建てるときには、大きな窓を設けて、家の中を明るく、健康に過ごしたいと思うでしょう。
しかし、建物の前に道があるのに大きな窓を設けたりすると、外から見られているような感覚に陥り、カーテンを閉めたままになってしまいます。
窓を効果的に設け、日光が入りプライバシーも確保できる、そのような窓にしたいものです。

① 窓の取付け高さと特徴

室内で快適に過ごすためには、窓の種類だけでなく、取付け高さも重要です。
開放的な空間で過ごす、外部からの視線を遮る、新鮮な空気を取り込むなど、必要に応じて窓の取付け高さを考えましょう。

a. 掃き出し窓

開放的でくつろげる空間をつくることができる。
屋内外に出入りできるため、ウッドデッキなどを設けると、内部と外部につながりが生まれ、
より開放的な空間になる。

「掃き出し窓」の名前の由来
以前は、室内もほうきで掃いていたため、ほこりを掃き出せるように窓を設けたことに由来する。

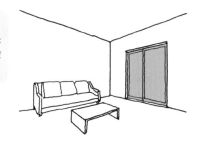
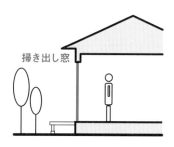

掃き出し窓

b. 腰窓

最も一般的な窓。
出入りはできないが、景色を楽しんだり、日光を取り入れることができる。
一般的には、窓下が床から900〜1,100mm の位置になるように配置する。
和室では、床に座って過ごすため、床から450mm 程度の高さに設ける。

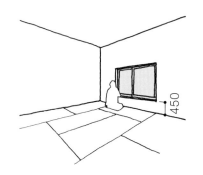
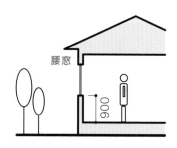

腰窓

c. 高窓

外部からの視線を気にすることなく、日光を取り入れることができる。
手が届かない場合は、はめ殺し窓や電動で開閉できるものを設置する。

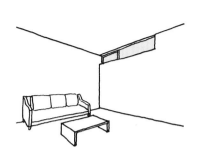
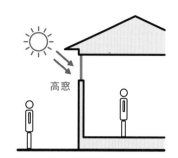

d. 地窓

外部からの視線を気にすることなく窓を設けることができる。
和室などでは畳に座って景色を楽しみたい場合にも用いられる。
部屋の反対側に高窓を設けると、風が流れやすく換気面でも効果的。

窓を利用した風の流れ

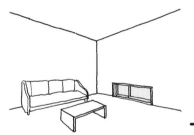
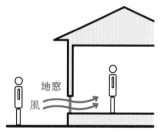

e. 天窓

隣家が近接していて、壁に窓を設けても日光が入らない場合などに効果的。

建築基準法では、部屋の大きさに対して、必要な窓の面積の割合が決められている。天窓は、垂直に設置する一般的な窓よりも日光を取り込む割合が高いため、一般的な窓に対して3倍の面積があるものとみなされる。(p.135 参照)

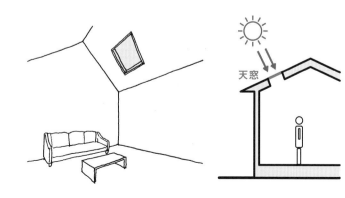

② 周囲との関係を考える

建物が密集している地域などでは、思うように日光が入らないこともよくあります。
また、外部からの視線も気になるでしょう。どのような工夫をすれば解決できるのかを見てみましょう。

1. 隣家が接近している場合

窓があるのに日光が入らない！

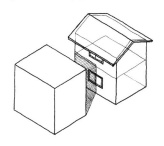

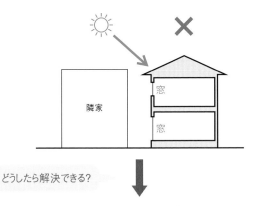

どうしたら解決できる？

STEP UP 建物の形状と窓の位置を工夫して建物内に日光を取り入れる!!

a. 高窓を設ける -1

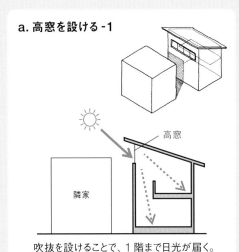

吹抜を設けることで、1階まで日光が届く。

b. 高窓を設ける -2

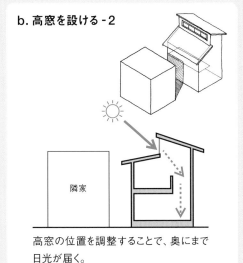

高窓の位置を調整することで、奥にまで
日光が届く。

c. 中庭を設ける

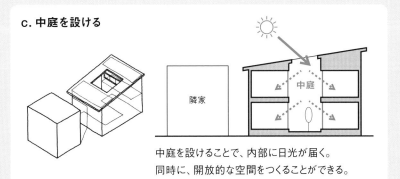

中庭を設けることで、内部に日光が届く。
同時に、開放的な空間をつくることができる。

その他、天窓を
設けるなど、状
況に合わせて考
えましょう！

②周囲との関係を考える

2. 隣家の窓の位置

隣家の窓と同じ位置に窓を設けると、視線を感じて常にカーテンを閉めることになる。
窓の位置を左右や上下にずらすことで解消できる。

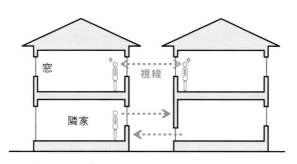

窓の位置をずらすことで、窓があっても気にならない。

3. 外部からの視線

外部の自然光は取り入れたいが、道や隣家からの視線が気になる場合は、壁をずらすことで解消できる。
また、直射日光ではなく自然光が入るため、室内も穏やかな明るさになる。
植栽や塀を配置すると、より効果的に視線を遮ることができる。

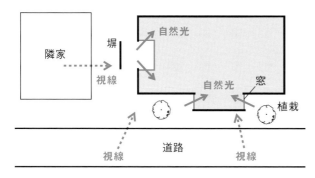

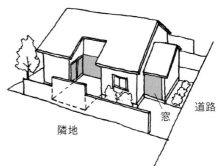

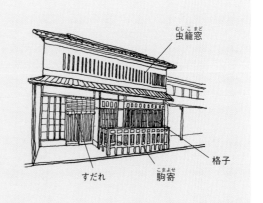

STEP UP　町家の格子窓には風情がある！

町家では、通りに面した窓に格子を設けて、建物の
すぐ前を通る人からの視線を遮っています。
また、建物の中から格子を通して外の景色を見ると、
情緒豊かな光と影の風景が現れます。
格子があることで、外観のデザインも際立ちます。

（2）光・熱・空気のコントロール

① 日射

夏は日光を取り入れたいけれど、熱まで室内に取り込むと、室内の温度が
上昇して不快な空間になります。
しかしながら、冬は暖かな日光を取り入れて快適に過ごしたいものです。

 どうしたら？

1. 建物の形状による工夫

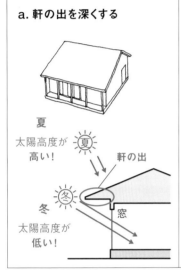

a. 軒の出を深くする

夏
太陽高度が
高い！

軒の出

夏

冬
太陽高度が
低い！

窓

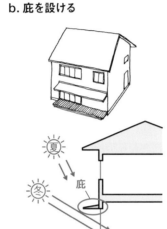

b. 庇を設ける

夏

冬

庇

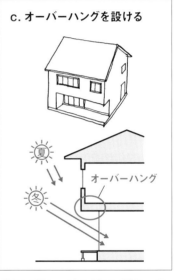

c. オーバーハングを設ける

夏

冬

オーバーハング

日本では西日対策も！

夏の西日が室内に入ると室内の温度が上がり、
エアコンが効かない！

西日を遮るそで壁

2. 窓の日除け

日差しのコントロール方法は建物の形状に限らず、ルーバーやカーテン、遮光性の高いガラスを設置
することでも効果はあるため、建物のイメージや必要に応じて検討する。

a. 窓の外側に設ける

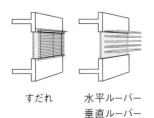

すだれ　　水平ルーバー
　　　　　垂直ルーバー

b. 窓の内側に設ける

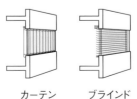

カーテン　　ブラインド

c. 遮光性の高いガラスを設ける

吸収ガラス　　ガラスブロック
反射ガラス

② 換気

窓は日光を取り入れるだけではなく、建物内の空気を入れ換える役割もあります。
24時間換気システムの設置が義務づけられているため、窓の開閉は必ずしも必要ありませんが、
やはり窓を開けて、新鮮な空気を取り込みたいものです。

1. 窓の開閉による自然換気

空気は低いところから高いところへと流れる。

建物全体の空気の流れを考えて窓を配置する。

※部屋単位で見ると、1部屋に窓を2カ所、できるだけ
　離れたところに設けると効果的！

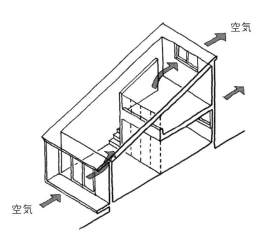

2. 24時間換気システム

建築基準法では、24時間、機械によって給気と
排気を行い、常に室内の空気をきれいに保つこと
ができるように、24時間換気システムの設置が義
務づけられている。

高気密、高断熱の機能を持つ住宅が増え、シックハウス
などの問題が起こるようになったため。

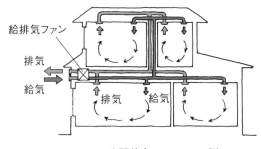

24時間換気システムの例

③ 通気

外壁に通気層を設けることで、建物の構造内への雨
水の浸入を防ぐとともに、湿気を取り除いて柱などの
腐食を防ぐことができます。
また、建物の外周部に空気層ができるため、室内の
温度を快適に保つ効果もあります。

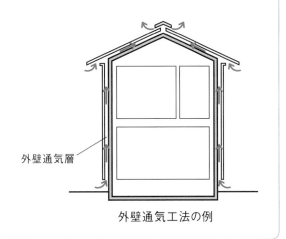

外壁通気工法の例

④ 断熱

夏は外気温の影響を受けずにできるだけ涼しく、冬は室内の暖気を逃したくないものです。
そのためには、建物の外周部分に断熱材を隙間なく施すことが重要です。

1. 断熱材の位置とその特徴

a. 天井と1階床下に断熱材を設ける

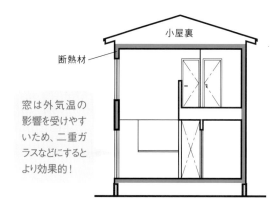

・一般的には天井と1階床下に断熱材を入れることが多い。

・断熱材の使用量が少ないため経済的。

・夏は小屋裏に熱がこもるため、2階が熱くなりやすい。

・冬は、地面からの冷気の影響を受けやすい。

窓は外気温の影響を受けやすいため、二重ガラスなどにするとより効果的！

b. 屋根と基礎に断熱材を設ける

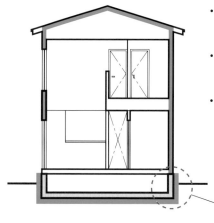

・建物の外周部に断熱材を設けるため、外気の影響を受けにくい。

・断熱材の使用量が多くなり、a よりも初期費用がかかる。

・屋内の温度が外気の影響を受けにくいため冷暖房費を抑えることができる。

基礎の外側に断熱材を入れられない場合は、基礎の内側に入れる。

2. 断熱材の種類と施工方法

a. 繊維系 ： ロックウール
グラスウール など

b. 発泡プラスチック系 ： ポリエチレンフォーム
ウレタンフォーム など

柱と柱の間などにはめ込む。

c. 吹付けウレタンフォーム

ポリウレタン樹脂に発泡剤を加えることで、吹き付けたときに発泡し、隙間なく充填できるもの。

2 生活スタイルと部屋の寸法

快適で暮らしやすい空間をつくるためには、そこに住む家族がどのように暮らすのか、空間をどのように使うのかを把握することが大切です。それらを踏まえた上で、よりよい暮らしの提案をすることが求められます。

1. 単位空間の分類

部屋の用途や生活スタイルによって、壁や建具で仕切られたそれぞれの空間を、**単位空間**といいます。
また、**ダイニングとキッチン**や**リビングとダイニング**など、いくつかの目的を同じ空間に取り入れることもあります。

機能（目的）	単位空間の種類	一般的に必要な機器や家具
団らん	居間（リビング［L］）、客間、座敷（和室）	ソファ、TV、座卓 など
食 事	食堂（ダイニング［D］）、台所（キッチン［K］）	ダイニングテーブル、キッチンカウンター など
衛 生	トイレ、洗面所（洗面脱衣所）、浴室、家事室（ユーティリティ）	衛生機器類（便器、ユニットバス、洗面台など）、洗濯機、カウンター など
個 人	寝室、子供部屋、書斎	ベッド、机、クローゼット など
移 動	玄関、廊下、ホール、階段	下駄箱 など
収 納	納戸、クローゼット［CL］、食品庫、押入（和室）	棚、パイプハンガー など

それぞれの単位空間では、必要に応じて収納や家具、衛生機器などを設けて快適で過ごしやすい空間にしましょう。

2. 単位空間と計画のポイント

（1）入口まわり

① ポーチ

ポーチでは、玄関扉の鍵を開けたり、傘をたたんだりします。
雨の日でも濡れることのないように、ポーチの上部に庇を設けたり、ポーチを窪ませます。

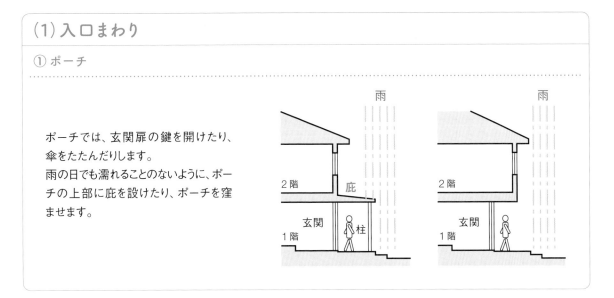

a. 庇型ポーチ
（ひさしがた）

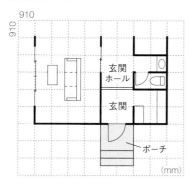

910

910

玄関
ホール

玄関

ポーチ

(mm)

b. 寄り付き型ポーチ
（よりつき）

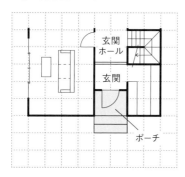

玄関
ホール

玄関

ポーチ

c. カバードポーチ

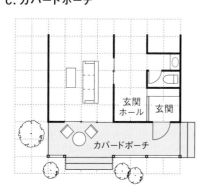

玄関
ホール

玄関

カバードポーチ

ポーチの庇に連なるように屋根を延ばし、
テラスと一体化した半屋外空間。

日差しを遮り、涼しく過ごすことができる
ため、テラスとして使う場合が多い。
また、来客を家の中に迎え入れることなく、
対応することもできる。

② 玄関

建物への出入口である玄関は、靴などで散らかっていることのない整頓された空間にしたいものです。

また、靴の他に傘やコート、スポーツ用品など、玄関に収納しておくと便利なものもたくさんあります。

収納するものが多い場合には、玄関に隣接してシューズインクローゼットを設けることもあります。

玄関

大きさとバリエーション

a. 省スペース

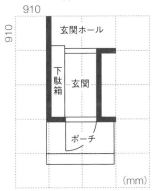

910
910
玄関ホール
下駄箱
玄関
ポーチ
(mm)

b. 一般的な大きさ

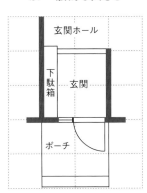

玄関ホール
下駄箱
玄関
ポーチ

c. シューズインクローゼット併設

玄関ホール
収納棚
下駄箱
玄関
ポーチ

シューズインクローゼット［SCL］

玄関横に収納スペースを設けることで、家の中に持ち込まなくてもよいもの（スポーツ用品、冬のコート、傘など）が収納できる。

シューズインクローゼットからも玄関ホールに上がれるようにすると便利。

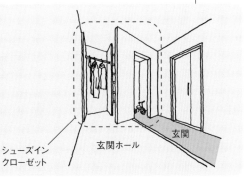

シューズインクローゼット
玄関ホール
玄関

STEP UP　玄関土間で過ごす

玄関土間を豊かにすることで効果的に使える空間にもなります！

・来客をもてなす
・子供が遊ぶ
・外出気分でお茶を楽しむ　など

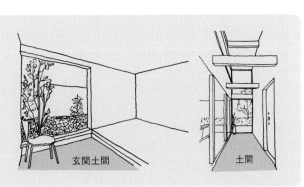

玄関土間
土間

（2）移動

① 廊下

廊下が長くなると、無駄な空間が多くなります。
廊下はできるだけ短くするか、廊下幅を少し広げて多目的に使える空間として活用するのもよいでしょう。

1. 一般的な廊下

a. 一般的な住宅の廊下

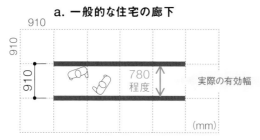

互いに体を少し横に向けないと、すれ違う
ことができない。
車いすには不適。

b. 少しゆったりとした廊下

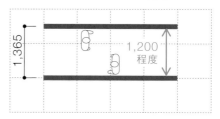

圧迫感がなく、体を横に向けることなく
すれ違うことができる。
車いすにも対応。（p.76 参照）

2. 目的を持たせた廊下

本棚・飾り棚・カウンターなど　1,700程度

廊下を1つの空間として使うことができる。

a. 本棚を設ける

椅子を置いて
読書スペースに！

b. カウンターを設ける

ちょっと一休み！
ワークスペースにも！

STEP UP↗ **和風建築に見られる
季節を感じる廊下**

和風建築の廊下は、通路としての
役割だけではなく、室内への直射
日光を和らげる効果もあります。

また、庭に面した廊下では、歩きな
がら季節の変化を楽しむことができ
ます。

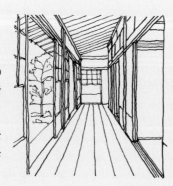

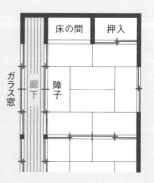

床の間　押入

ガラス窓　廊下　障子

② 階段

上下階をつなぐ階段は、重要な要素です。
階段の位置やデザインは、家族の生活スタイルや空間のイメージに大きく関わります。

1. 階段の種類

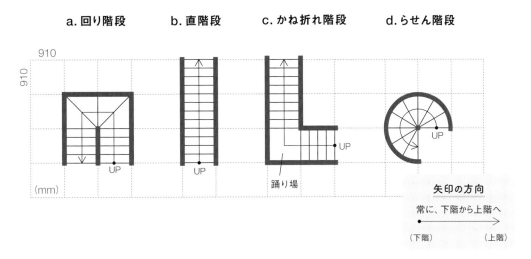

a. 回り階段　　b. 直階段　　c. かね折れ階段　　d. らせん階段

910
910
(mm)
UP
UP
UP
UP
踊り場

矢印の方向
常に、下階から上階へ
（下階）　（上階）

2. 階段と家族の関わり

階段の位置は、家族間のコミュニケーションの図り方に大きく関わるため、プランを考える上で重要な要素の1つとなる。

a. 玄関、廊下から直接2階へ

家族と顔を合わせることなく2階へ行くことができる。
リビングでの会話などが上階まで届きにくいため、2階に勉強部屋など、落ち着いた部屋を設けることができる。

b. リビングやダイニングから2階へ

家族と顔を合わせた後に2階へ上がるため、家族とのコミュニケーションは図りやすいが、食事などの匂いが2階に上がりやすい。
リビングなどの吹抜部分に階段を設けると、2階との距離が近く感じられ、上階の様子をうかがいやすい。

②階段

3. 上下階のつながり

吹抜部分に階段を設けることで、1階と2階を連続した1つの空間として使うことができる。
ただし、むやみに吹抜を大きくすると、空調の効きが悪くなるので注意が必要。

a. 全面を吹抜

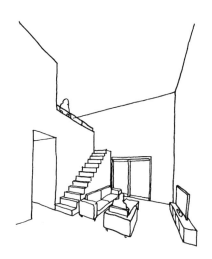

2階とのコミュニケーションが図れ、開放的な空間となるが、空調の負荷が大きい。

光熱費がかかるということ！

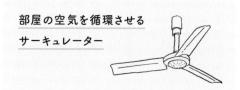

部屋の空気を循環させる
サーキュレーター

天井にサーキュレーターを設けて空気を循環させるなど、できるだけ空調の負荷を少なくする工夫が求められる。

b. 一部分を吹抜

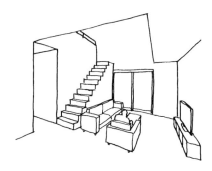

2階とのコミュニケーションは図りたいが、できるだけ空調の負荷を減らすために、最小限の吹抜を設ける。

STEP
UP **吹抜と空調の反比例な関係**

近年では、家族とのコミュニケーションを重視したいという要望から、リビングを吹抜にして階段を設け、2階にいながら1階にいる家族と会話ができたり、2階にいる子供の様子を1階からうかがえるプランが多いようです。
しかし、吹抜が大きくなるほど、空調の負荷は大きくなります。
できるだけ要望に応えながらも、空調の負荷を軽減させる工夫が求められます。

c. 階段部分のみ吹抜

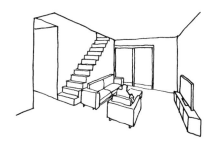

階段部分のみの開口なので、2階とのコミュニケーションは図れないが、空調の負荷は最小限に抑えられる。

4. 階段の構造

リビングなどに階段を設ける場合には、階段が空間イメージの重要な要素になります。

a. 側桁階段

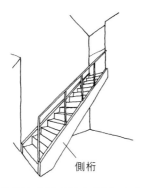

側桁

段板を両側から挟み込むように支える階段。

b. 力桁階段

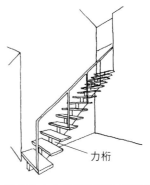

力桁

段板を1本の桁で支える階段。

c. ささら桁階段

段板
（踏み板）

ささら桁

よりデザイン性を
高めると！

桁を段々状に切り込み、段板を下側から
支える階段。

d. 稲妻ささら桁階段

ささら桁を稲妻状にカットし、
デザイン性を与えた階段。

e. 片持ち階段

壁側のみで支持した階段。
最も軽快なデザイン。

f. らせん階段

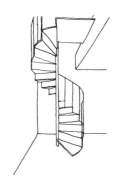

デザイン性を重視した階段。
省スペースだが、コストは最も高い。

②階段

5. 階段の注意点

a. 踏み外しに注意！

曲がる部分に段差があると、足を踏み外しやすい。

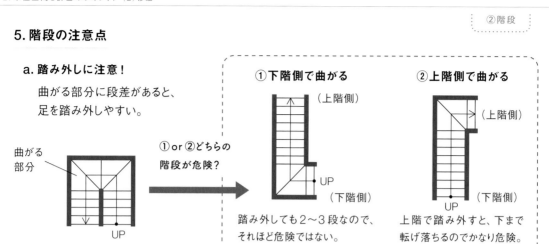

曲がる部分

①or②どちらの階段が危険？

① 下階側で曲がる

（上階側）

UP

（下階側）

踏み外しても2〜3段なので、それほど危険ではない。

② 上階側で曲がる

（上階側）

UP （下階側）

上階で踏み外すと、下まで転げ落ちるのでかなり危険。

b. 頭上に注意！

階段上部がすべて吹抜であればよいが、上階のスペースを確保するために2階の一部が張り出す場合は、高さに注意が必要！

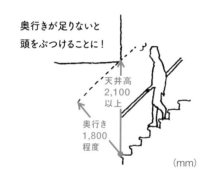

奥行きが足りないと頭をぶつけることに！

天井高 2,100 以上

奥行き 1,800 程度

(mm)

c. 天井に注意！

階段下のスペースに便器や洗濯機を置く場合は、天井高に注意が必要！

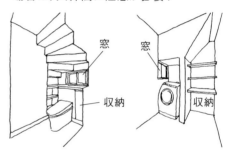

窓

収納

窓

収納

天井の低い部分に収納や窓を設けると圧迫感が和らぐ。

STEP UP 最近の階段は 14〜15 段が一般的

以前の住宅では 12〜13 段の階段が主流でしたが、平均身長が高くなったことや、天井の高い空間が好まれるようになったため、階高（次ページ参照）が高くなり段数も増えました。
また、安全に上り下りができるように、踏面（ふみづら）を大きく、蹴上げ（けあ）を小さくする傾向もあります。

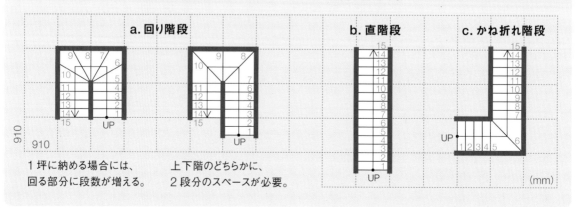

a. 回り階段

910

910

1坪に納める場合には、回る部分に段数が増える。

上下階のどちらかに、2段分のスペースが必要。

b. 直階段

UP

c. かね折れ階段

UP

(mm)

②階段

6. 蹴上げと踏面

a. 蹴上げと踏面の寸法

建築基準法では、住宅や学校などの用途に応じて
蹴上げと踏面の寸法が決められている。

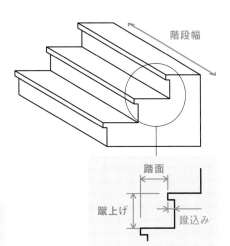

❶ 住宅の場合

蹴上げ：23cm 以下
踏　面：15cm 以上
階段幅：75cm 以上

❷ 中学校の場合

蹴上げ：　18cm 以下
踏　面：　26cm 以上
階段幅：140cm 以上

住宅の場合は、ある程度一定の人が上り下りするため、
比較的勾配が急な階段でもよいということ！

b. 蹴上げと踏面寸法の求め方

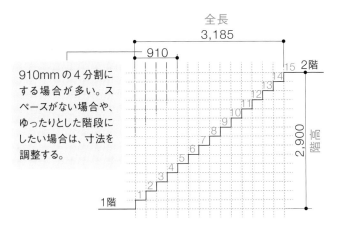

910mmの4分割に
する場合が多い。ス
ペースがない場合や、
ゆったりとした階段に
したい場合は、寸法を
調整する。

全長
3,185

910

15 2階
14
13
12
11
10
9
8
7
6
5
4
3
2
1
1階

2,900 階高

❶ 蹴上げ

蹴上げ ＝ 階高 ÷ 段数

・15 段の場合

$$\underset{階高}{2,900} \div \underset{段数}{15} = 193.33mm$$

段数が少ないほど
急な階段になる！

・13 段の場合

$$\underset{階高}{2,900} \div \underset{段数}{13} = 223.07m$$

踊り場のない直階段の場合

❷ 踏面

踏面 ＝ 階段の全長 ÷（段数－1）

・15 段の場合

$$3,185 \div (15-1) = 227.5mm$$

踏面はなぜ（段数－1）？

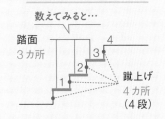

数えてみると…

踏面
3 カ所

蹴上げ
4 カ所
（4 段）

建築基準法の最低値の踏面 150mm で階段の全長を計算すると…

13 段の場合　➡　$150 \times (13-1) = 1,800mm$

かなりの省スペースで納まるが、踏面が小さいと踏み外す可能性が
高くなるので注意が必要！

（3）水回り

① トイレ

トイレには、快適さが求められることもあります。

埋め込み型の手洗い器が一体となった
キャビネットなどもある。

1. トイレの寸法

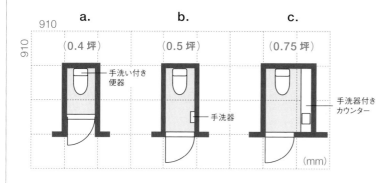

手洗器を取り付けることができる。

掃除用具を収納したり花を飾るなどで、快適な空間をつくることができる。

2. トイレの配置例

トイレは廊下に面して設けることが多いが、扉がリビングなどに面している場合には、扉を開けたときに便器が見えないように、また、音漏れが気にならないように配置にする。

音漏れや、トイレへの出入りが気にならない。

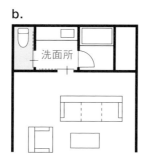

洗面所からトイレに入るのでトイレは目に触れないが、来客も洗面所を通らなければトイレに行けない。

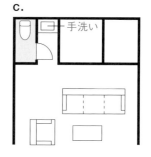

扉の開き方でトイレ内部が見えないようにする。また、手洗いを別に設けることで、来客が洗面所に入ることなく、手を洗うことができる。

来客用トイレ

来客が多い場合や客間がある場合などには、トイレを別に設けると、プライベートスペースを見られることなく利用できる。

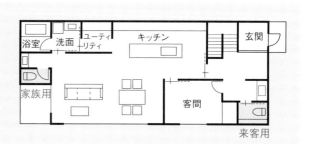

①トイレ

3.トイレの注意点

a. 扉の開き方

トイレの扉は、内開きにしてはいけない！

トイレ内は、体温の急激な変化などにより倒れてしまう可能性が高い。
扉を内開きにすると、倒れた人で扉が開かず、救出に支障をきたすため、
必ず外開きにする。

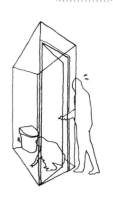

b. 2階に設ける場合

1階と2階の両方に設ける場合には、配管の都合上、できるだけ上下同じ位置に設ける！

❶ 上下階同じ位置

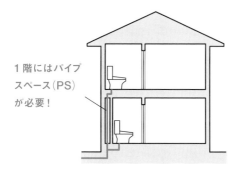

1階にはパイプ
スペース（PS）
が必要！

上下階のトイレの位置が同じなので
配管も短く、水漏れなどのトラブルも
ほとんど心配がない。

❷ 上下階で位置が異なる

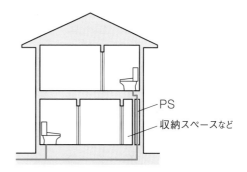

PS

収納スペースなど

1階と2階でトイレの位置が異なる場合
や、2階にのみトイレがある場合などは、
1階のパイプスペース（PS）の位置に
注意が必要。

リビングなどに面してPSがあると、流水音が気になるため、
収納スペースなど、できるだけ人が普段いない部屋の中に設
けましょう！
また、2階にキッチンや浴室などを設ける場合も、できるだけ
配管距離が短くなるように部屋の配置を工夫しましょう。

風水では？

風水では、水回りは北東側に配置して、水の流れを良くして運気を上げるとありますが、実はトイレは別。
トイレは水を溜めておくため、逆に運気が停滞するとされています。
また、トイレの真下に玄関や寝室、キッチンがあるのもダメだと言われています。
冬場のトイレでは体温の急激な変化により倒れてしまう可能性があることからも、北側のトイレは避け
た方がいいのかもしれません。

② 洗面・脱衣所

一般的に、浴室に隣接した洗面所は脱衣所を兼ねます。
そのため、洗面所に洗濯機を置くと家事の面でも便利です。
洗面台の前には鏡を設けるので、窓の配置に注意しましょう。

洗面・脱衣所の寸法

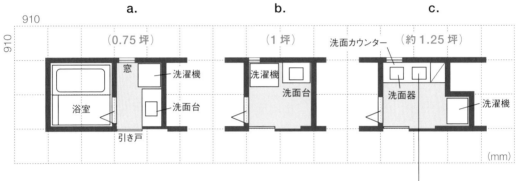

洗面器の数

家族が多い場合には、洗面所を使う時間が集中しやすくなるため、洗面器を2つ設けると便利。
1階と2階の両方に洗面台を設けることもある。

STEP UP いろいろな洗面所

省スペース化を図るために、洗面所をトイレや浴室と一体化させることもあります。
ただし、トイレや入浴中は洗面台が使いづらくなるため、家族が多い場合にはあまり適しません。

a. トイレを設ける　　**b. 浴室と一体化させる**　　**c. キッチンと連続させる**

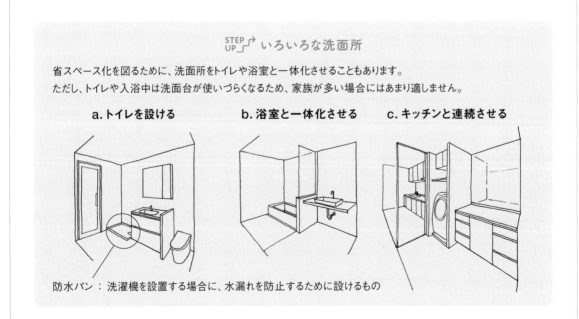

防水パン：洗濯機を設置する場合に、水漏れを防止するために設けるもの

③ 浴室

浴室は、1日の疲れを癒やす場所です。
音楽を聴いたり読書やテレビを見ながら、リラックスした時間を過ごすことも多いようです。

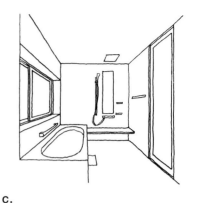

1. ユニットバスの寸法

ユニットバスは、壁、天井、床、浴槽が組立式で一体化しているため、防水性が高く、防水処理をする必要がない。
近年は、ユニットバスを用いることが多い。

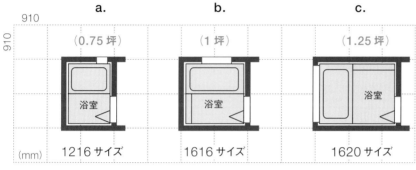

	a.	b.	c.
	（0.75坪）	（1坪）	（1.25坪）
	1216サイズ	1616サイズ	1620サイズ

ユニットバスの大きさを表す呼び方

1616

↓　　↓

1,600 × 1,600

壁の内側にユニットバスを設置するため、この大きさになる。

2. 在来型の浴室

浴槽や壁にひのきやタイルを用いるなど、イメージに合わせてつくることができ、浴室の大きさや形状も自由に決めることができる。
また、窓の大きさも自由に決められるので、景色や坪庭を楽しみながら入浴することもできる。

a. 埋め込み型

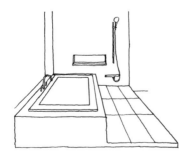

b. 置き型

在来型の浴室では、基礎を立ち上げる！

柱などが腐らないように、水がかかる腰の高さ程度まで
基礎を立ち上げるなどの防水処理が必要。

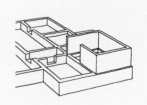

3. ユニットバスと在来浴室の比較

	ユニットバス	在来浴室
大きさの自由度	△	◎
素材の自由度	△	◎
メンテナンス	◎	△
耐久性	◎	△

使用する素材によって異なります。

4. 入浴を楽しむための工夫

坪庭を設けて景色を楽しんだり、外に出て涼むスペースを設けると、より快適に入浴を楽しむことができる。

a. 景色を楽しむ

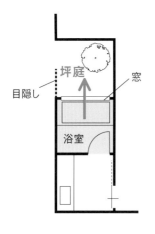
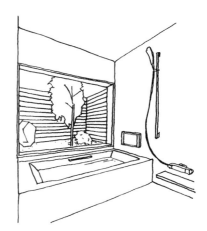

b. 外気に触れる

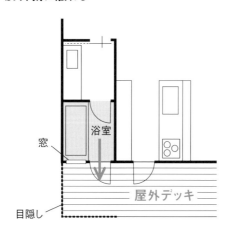

外部から見えそうな場合は、目隠しを設けましょう！

STEP UP ⤴ 家事の効率化は生活を豊かにする！

生活を豊かなものにするためには、家族のコミュニケーションが重要です。
家族によってコミュニケーションの図り方はさまざまですが、その家族に応じた生活スタイルの
実現と、家事の効率化が両立するようなプランを考えたいものです。

家事をしながら家族とコミュニケーションを図るためには、家事の中で最も長時間滞在する
キッチン（次ページ）の配置がポイントになります。

家事の効率化

食事の仕度や掃除、洗濯、アイロンがけなど
を同じ時間帯に効率よくできるようにすると、
家事の労力が軽減され、時間の短縮にも
つながる。

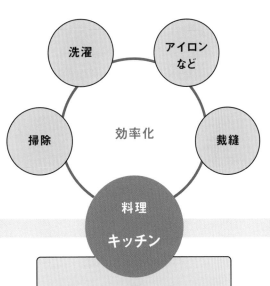

生活スタイル

・家族との団らんを楽しみながら家事ができる。

・子供が小さい場合には、食事の仕度をしな
　がら常に子供の様子をうかがえる。

・階段がリビングやダイニングに面していると、
　家族の移動、外出や帰宅が把握できる。

・吹抜を設けると、2階の様子がうかがえたり
　会話をすることができる。

④ キッチン

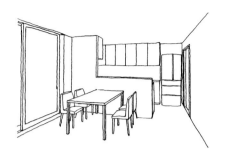

キッチンの形状や設置場所は、生活スタイルに大きく関わります。
子供と一緒に料理をつくる、ホームパーティーでキッチンを囲んで楽しむ、キッチンを見せたくないなど、その家族に応じたものにしましょう。

1. キッチンのスペース

食事などを運ぶスペース
：800mm 程度

冷蔵庫　器具棚など　食品庫

カウンター　　　そで壁

800以上

910　910

(mm)

・1人で使う場合　：800mm 程度
・2人で調理したり、後ろを人が通る場合
　　：1,000〜1,200mm 程度

勝手口
生ゴミなどを直接外に出せるため、臭いの面などでも効果的。

床下収納庫
床下収納を取り外すと、床下に入ることができるため、床下のメンテナンスを行うことができる。

2. 一般的な大きさと形状

システムキッチンは、幅が 150mm 単位で構成されているので、部屋の大きさや使用する人数、使い勝手など考えて設計する。

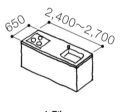

650　2,400〜2,700

I 型

1,650 程度

L 型

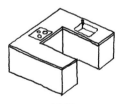

U 型

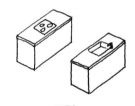

Ⅱ型

STEP UP↗ キッチンは意外と家電が多い！

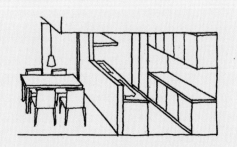

キッチンには、炊飯器やトースター、オーブンレンジなどを置くスペースも必要です。
対面や背面に収納付きのカウンターなどを設けることが多いようです。

また、各種メーカーが提供するシステムキッチンでは、オーブンや食器洗い機などが内蔵（ビルトイン）できます。

④キッチン

3. キッチンのスタイル

独立型	**独立キッチン** ・キッチンを見られたくない場合に適している。 ・調理時の匂いの充満をある程度防ぐことができる。		
オープン型	**オープンキッチン** ・最も省スペースで設けることができる。 ・キッチンが丸見えになる。 ・調理時は家族に背を向けることが多くなる。		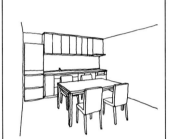
オープン型	**対面キッチン（セミオープン）** ・調理しながら家族の様子をうかがうことができる。 ・オープンな感じがありながらも、手元が隠れ、洗い物（食器や調理器具など）が残っていても気にならない。		
	アイランドキッチン（オープン） ・四方からアクセスできるため、家族みんなで調理をしたり、ホームパーティーなどに適している。 ・キッチンが丸見えになる。	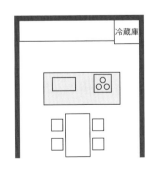	

STEP UP↱ 家事動線を考えよう！

家事を効率的に行うには、できるだけ動線を短くし、スムーズに動けることが望まれます。

また、濡れた洗濯物は意外と重く、物干し場までの距離が長くなると、毎日の負担が大きくなります。

できるだけ動線が短くなるように工夫しましょう。

パントリー（食品庫）

共働きや家族が多い場合には、キッチンの近くにパントリー（食品庫）を設けることもある。

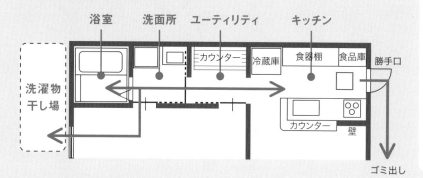

必ずしも横並びに配置する必要はなく、動線を短く動きやすい配置が求められる。

水回り（キッチン、洗面所、浴室、トイレなど）

「水回りを集めて配置するとよい」と聞いたことがあるでしょう。

それは、配管の長さが短くなり、工事の作業性やメンテナンスの面でも効率的だからです。

その他にも、手を濡らすような掃除をまとめてできたりと、家事の面でも効率が上がります。

ユーティリティ

アイロンや裁縫などをするためのスペース。

コンロに目が届く位置に設けると、煮物などでコンロの火を長時間付けっぱなしの場合にも、他の家事や趣味の時間に使え、安心で便利！

この場所に洗濯機を置くこともあります。

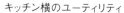

キッチン横のユーティリティ　　　洗濯機を置いた場合

室内干しスペース

花粉やPM2.5などの影響により、洗濯物を室内に干すことも多いようです。

また、天候の影響を受けないため、室内干しを好む人も増えています。

室内干しスペースは、湿気がこもらないように、窓や換気設備を設けましょう。

（4）共用部

① ダイニング

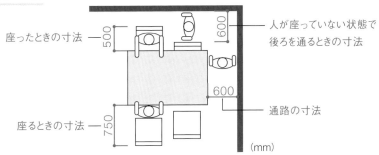

主に食事をするスペースですが、子供が勉強場所として使うこともあります。
ダイニングテーブルは、人数や使い方に応じたサイズや形状を選びましょう。

1. ダイニングのスペース

座ったときの寸法 — 500

600 — 人が座っていない状態で後ろを通るときの寸法

600

座るときの寸法 — 750

通路の寸法

(mm)

2. ダイニングテーブルの大きさ

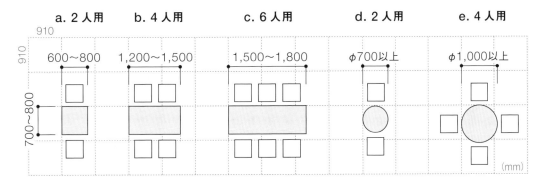

a. 2人用	b. 4人用	c. 6人用	d. 2人用	e. 4人用
600〜800	1,200〜1,500	1,500〜1,800	φ700以上	φ1,000以上

910
910
700〜800
(mm)

使い方や目的に合わせてテーブルを配置します。カウンターを設ける場合などもあります。

a. 配膳が効率的な配置

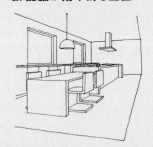

食事の配膳がスムーズに行えるようにキッチンの延長線上にテーブルを置く。

b. 多目的に使えるカウンター

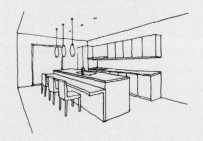

お店のように食事を楽しむ、朝食は簡単にすませる、子供の勉強スペースになるなど、多様な使い方ができる。

② リビング

リビングでの過ごし方に応じた部屋の大きさや形状、ソファなどの配置を考えましょう。

1. リビングのスペース

ソファの配置は、生活スタイルや目的によって異なるため、家族に応じた配置と部屋の大きさが求められる。

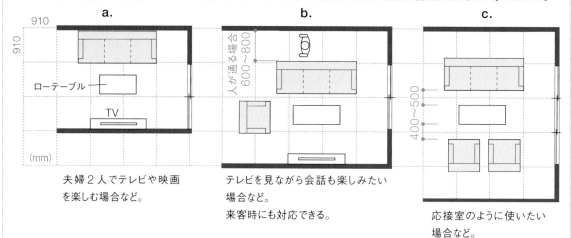

a.
夫婦2人でテレビや映画を楽しむ場合など。

b.
テレビを見ながら会話も楽しみたい場合など。
来客時にも対応できる。

c.
応接室のように使いたい場合など。

2. 一般的なソファの大きさ

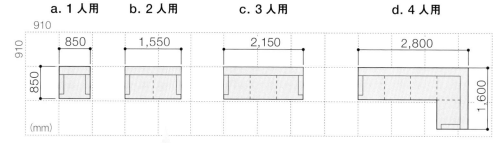

a. 1人用　b. 2人用　c. 3人用　d. 4人用

デザインによって大きさもさまざまです。使いたいソファや好みのデザイン、
配置などの要望があれば、事前に把握しておきましょう！

3. リビングでの生活スタイル

a. テレビや映画を楽しむ

大型テレビを置いて、映画やスポーツ中継などを楽しむ。

テレビに太陽光が映り込みにくい配置にする。
大型のテレビを置く場合は、壁の幅にも注意する。

> **STEP UP ↱ リビングに大きな窓は必要？**
>
> リビングは明るく快適に！と思いますが、昼間はほとんど家におらず、夜にリビングで過ごすことが多い場合には、
> 必ずしも大きな窓が必要とは限りません。

②リビング

b. 庭を眺める

季節の移り変わりと、1日の時間の流れを感じながらゆったりとした時間を過ごす。

c. 屋外デッキを設けて開放的に

テーブルや椅子を置いてお茶を楽しむ、雨の日に子供が遊ぶなど、多目的なスペースとして使える。

STEP UP↱ リビングと屋外デッキを一体化！

屋外デッキとの段差をなくして建具も天井と同じ高さにすると、リビングと屋外デッキが一体化し、開放的なリビングになります！

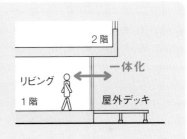

d. リビングに畳を敷く

少し疲れたときに寝転んだり、子どもの遊び場としても使うことができる。
また、扉で空間を仕切ると客間としても利用できる。
床の高さを少し上げて視覚的に空間を仕切る場合もある。

a	b	c

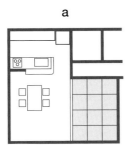

リビングをすべて畳にする。扉を設けると客間にもなる。

リビングの一部を畳にする。

必要なときだけ扉を閉めると客間にもなる。

STEP UP↗ キッチン・ダイニング・リビングの位置関係

プランを考える上で、最も重要なポイントです。一般的には、1つの大きな空間にすることが多いようですが、視覚的に仕切ることで、それぞれの空間を目的に応じて使い分けができるようになります。

食事の匂いが気になる場合や、来客にプライベート空間を見られたくない場合には、壁や扉を設けて部屋を仕切ることもあります。

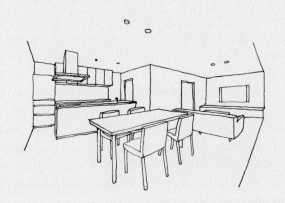

配置例

a. 一体型

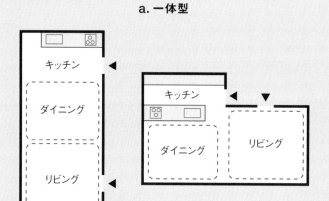

一般的に多く見られる配置。

b. 分離型

来客時にリビング以外を見られない。

c. 視覚的に分離

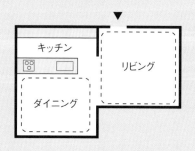

ダイニングとリビングを少しずらすことで、視覚的に空間を分ける。

d. 機能を分離

キッチンの両側に配置することで、1つの空間でありながら、ダイニングとリビングを完全に分離させる。

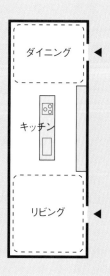

③ 和室

和室を客間として使用することが多いようですが、キッチンやダイニングと隣接させてリビングとして使う、またはリビングの一部に畳を敷くことがあります。

近年は、和室や畳を必要としない場合も多いようです。

1. 畳の種類

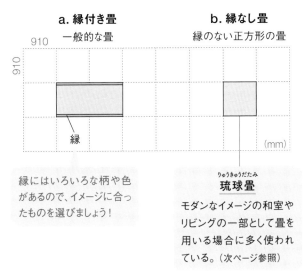

a. 縁付き畳
一般的な畳

910
910

縁

(mm)

縁にはいろいろな柄や色があるので、イメージに合ったものを選びましょう！

b. 縁なし畳
縁のない正方形の畳

りゅうきゅうだたみ
琉球畳

モダンなイメージの和室やリビングの一部として畳を用いる場合に多く使われている。（次ページ参照）

一般的な和室

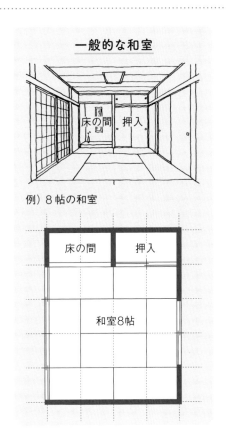

床の間　押入

例）8帖の和室

床の間　押入

和室8帖

2. 畳の敷き方

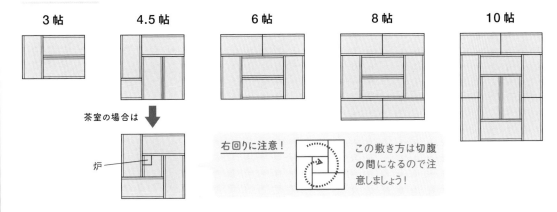

3帖　　4.5帖　　6帖　　8帖　　10帖

茶室の場合は

炉

右回りに注意！

この敷き方は切腹の間になるので注意しましょう！

畳の敷き方

a. 祝儀敷き
畳の合わせ目が
十字でない。
一般の住宅など。

b. 不祝儀敷き
畳の合わせ目が**十字**。（**右図**）
近年ではあまり見られないが、自宅で葬儀を行う場合には祝儀敷きから不祝儀敷きに敷き直した。寺院仏閣や旅館の大広間では、同じ方向を向いて使うことが多いなどの理由から、不祝儀敷きが多い。

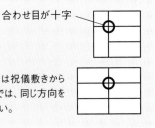

合わせ目が十字

③和室

3. いろいろな和室

近年は、一般的な和室ではなく、琉球畳を用いてモダンな和室にすることも多い。

a. モダンな和室

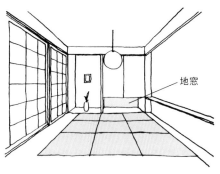

多目的に使用できる。

b. 畳のコーナー

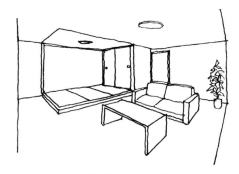

リビングなどの一角に設け、
多目的に使うことができる。

和室では、廊下で
スリッパを脱いで畳
に上がるが、出入
口側を板張りにす
ると、室内に入って
からスリッパを脱ぐ
こともできる。

琉球畳の敷き方

畳の目が交互に
なるように敷くと、
市松模様にみえ
て美しい。

4. 仏間
ぶつま

仏壇を置くスペース。
近年では、仏壇を必要としない場合も多い。
仏壇を置く場合や置く予定がある場合には、
仏壇の大きさやタイプを確認しておく。

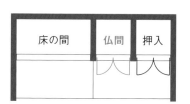

仏間の扉は、軸回し扉
じくまわし

扉を開いたままでは邪魔になる
ため、開いた状態で内部に収納
できる「軸回し扉」が用いられる。
扉を設けない場合もある。

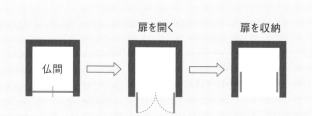

本勝手と逆勝手

床の間がどちら側かで呼び方が異なります。

a. 本勝手
床の間が左側にあるもの。

b. 逆勝手
床の間が右側にあるもの。

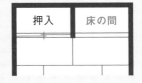

畳の素材

畳の表面の色、素材（ワラ、発泡スチロールなど）などにも
種類があるので、用途やイメージに合ったものを選びましょう！

集合住宅などでは、コストの問題などから
発泡スチロールの畳を用いることが多い。

STEP UP 畳は目の方向で滑り方が変わる！

ぞうきんがけは畳の目に沿って！

a. 床の間の前の畳の方向は？

床の間に畳が突き刺さる敷き方（床刺し）
をしてはいけない！
見た目が悪いだけでなく、床の間の掛け
軸や生け花を鑑賞するときに、座ったま
ま膝を滑らせて動くことができなくなる。
また、お花を生ける際も、畳の方向が変
わると滑り方が変わるため、つまづいたり、
滑ったりして水をこぼすおそれがある。

b. 出入口に対して畳の目の方向は？

畳の目が出入口に対して平行な場合に
は、歩くたびに畳がこすれ、擦り切れや
汚れの原因になる。

STEP UP 小上がりで子供と同じ目の高さに！

小上がりの段差を300〜400mm程度にすると腰を
掛けることができ、視線が子供と同じ高さになります。

畳の場合が多いが、使い方によってはフローリングにする場合もある。
段差を利用して床下収納を設けることもできる。

床下収納

（5）個室

寝室や子供部屋は、ベッドの配置や数などで部屋の大きさが変わります。

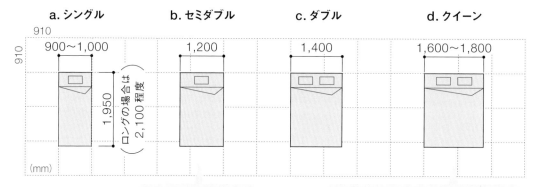

1. ベッドまわりのスペース

1人で使用する場合は、ベッドの片側を壁に付けることも多い。

2. ベッドの大きさ

a. シングル	b. セミダブル	c. ダブル	d. クイーン
900〜1,000	1,200	1,400	1,600〜1,800

910

1,950（ロングの場合は2,100程度）

(mm)

ダブルという名称ですが基本的には1人用です。

子供が小さくて家族一緒に寝る場合や大きいベッドを好む場合などに使われます。

---

① 主寝室（夫婦寝室）

主寝室は、寝るとき以外はほとんど使用しないことが多いようです。しかし、書斎などを設けて快適に使うことができれば、プライベートスペースとしてよりよい空間になるでしょう。

1. 主寝室の広さ

一般的に、8〜12帖程度。

ダブルベッド1台とシングルベッド2台とでは、必要な部屋の大きさも異なる。

寝室の収納には、ウォークインクローゼット（WCL）を設けることが多い。（次ページ参照）

寝室（8帖）＋ WCL（2帖）＋ 書斎（2帖）

910

WCL

収納棚

本棚

書斎

(mm)

① 主寝室（夫婦寝室）

2. 書斎やベランダ

a. 書斎

寝室に書斎を設けることで、家族から離れて落ち着いて本を読んだり、趣味の時間を過ごすことができる。
また、在宅での仕事スペースとしても使える。
窓を設けるなどにより、心地のよい空間づくりが求められる。

b. ベランダ

ベランダを設けて椅子やテーブルなどを置くと、夫婦2人でゆったりとした時間を過ごすことができる。

ベランダは、洗濯物を干すためだけのスペースにするのはもったいない！

3. クローゼット（CL）

夫婦2人分の衣類などを収納する必要があるため、収納するものとその量を把握しておく。
クローゼット内には、収納するものに合わせて棚やパイプハンガーを設ける。

a. 壁面にクローゼットを設ける

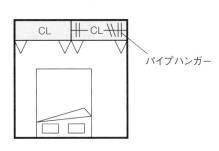

パイプハンガー

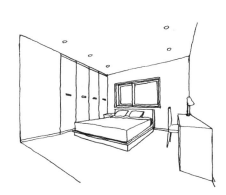

b. ウォークインクローゼット（WCL）を設ける

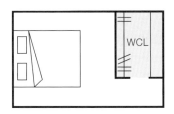

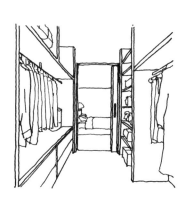

収納を目的とした部屋で、人が歩いて中に入ることから、ウォークインクローゼットという。
身支度スペースとして使うこともできる。
1〜1.5坪程度の広さが多い。

② 子供部屋

子供部屋は、成長に合わせて使い方が変わります。
子供が小さい間は、2段ベッドを置いて兄弟が同じ
部屋で過ごし、受験勉強が始まる頃には1人部屋を
望むケースが多いようです。
将来的には不要になる部屋でもあるため、将来プラン
も確認しておきましょう。

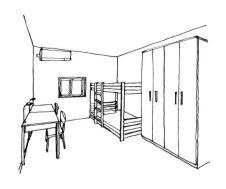

1. 子供部屋の広さ

一般的に、クローゼットも含めて6〜8帖程度。

2. 子供部屋の配置

リビングが1階、子供部屋が2階の場合、子供
が小さい間は、親がいる1階で過ごすことが多い。
しかし、吹抜を設けることで、1階から2階にいる
子供の様子がうかがえ、1階と2階で会話もでき
るようになる。

a. 子供部屋に壁を設けない

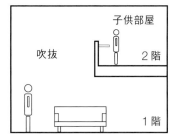

将来的にはカーテンなどで仕切ることも可能。

b. 勉強するスペースと寝るスペースを分ける

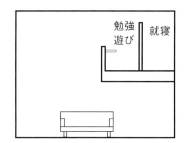

②子供部屋

3. 成長に合わせて部屋を間仕切る

間仕切り方はさまざまなので、将来的にどのような部屋にしたいのかを確認しておく。

a. 扉を別々に設けて完全に2部屋に分ける

子供部屋での兄弟間のコミュニケーションは図りにくいが、勉強に集中できる環境をつくりやすい。

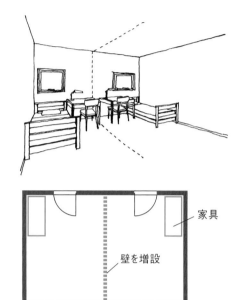

設計当初から設けておくもの

・壁を設けるための下地
・扉（出入口）：2カ所
・窓：2カ所

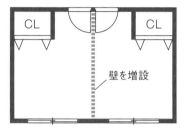

あらかじめ収納をつくっておく。

収納は、状況に合わせて家具などで対応する。

b. 扉は共通で、中に入ってから2部屋に分かれる

兄弟間のコミュニケーションは図りやすいが、個々の生活音などは防ぐことができない。

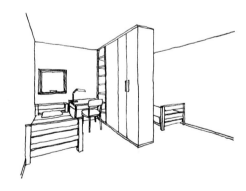

設計当初から設けておくもの

・壁を設けるための下地
　（家具で仕切る場合は不要）
・扉（出入口）：1カ所
・窓：2カ所

STEP UP 空間を仕切るのは壁だけではない！

壁で仕切ることなく空間を分ける方法もあります。
部屋がいくつ必要かを考える前に、空間をどのように使いたいかを考えましょう。

a. 柱で空間を仕切る

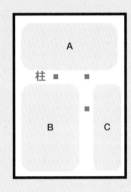
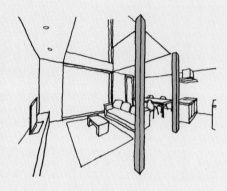

構造面で1階に柱が必要な場合でも、柱の位置次第では、デザインされた空間になる。

b. 家具で空間を仕切る

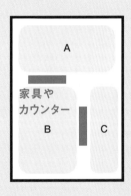
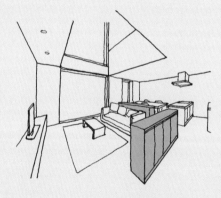

腰程度の高さの家具を置くことで、視覚的に空間が仕切られるとともに、ものを飾ることができ、収納にもなる。

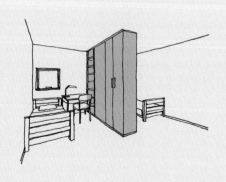

部屋の中央に家具を置いて、1つの空間を2つに分ける。子供部屋などで、成長に合わせて置かれることが多い。

c. 段差（床の高さ）で空間を仕切る

構造面で少しコストがかかるため、一般的にはあまり用いられない。

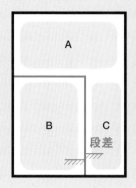

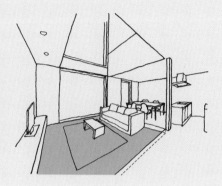

１段低くするだけで、異なる
空間に感じられる。

スキップフロアやロフトも、スペースを有効に使う手段の１つ！

土地が狭く、部屋の大きさが確保できない場合には、スキップフロアにすることで、壁で仕切ることなく空間をつくることができる。
ただし、建物内の移動がすべて階段になる。

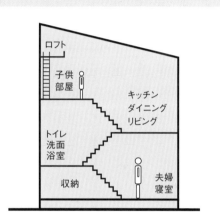

STEP UP 収納スペースは大きければいいというわけではない！

室内に物が溢れていると、掃除にも時間がかかります。必要な場所に必要な容量の収納を設けることで、家事の負担を減らすことができます。

掃除機や日用品などを収納する場合、奥行きが
400mm程度の収納スペースが意外と便利！

収納するものをある程度想定して棚などを設けておくと、収納スペースを有効に利用できる。
棚を可動式にするとより便利。

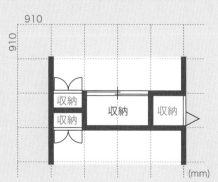

（6）半屋外空間

建物に付属する屋外スペース。
室内での生活を屋外に延長させることで、日常の生活に開放感や変化をもたらします。

① テラス

屋内と扉や窓でつながり、コンクリートやタイルなどで仕上げたスペース。
椅子やテーブルを置いたり、子供が遊べたりできるある程度の広さを
もつものをいいます。
庇を設ける場合もあります。

a. テラス

テラスの定義

フランス語で「盛土」を意味し、地面から100〜300mm
程度の高さのスペース。

ウッドデッキ

ウッドデッキは、1階の床と同じ高さにすることができるため、部屋の延
長として使うことができる。

b. ウッドデッキ

木材のため、防腐処理が必要。
木材に見える樹脂製のものもある。

② ぬれ縁

軒下などの外壁に沿って設けられる幅910〜1,200mm程度の
細長いスペース。
直接腰掛けて庭を眺めたり、リビングの延長として使ったりすることが
多いようです。
板材が雨風にさらされるため、防腐処理が必要です。

オーバーハング

下の階よりも上階がはみ出した部分。
構造面では不利になることもあるので、大きなはみ出しは避ける。
下階に柱や壁などを設けると、構造面の負担を軽減できる。

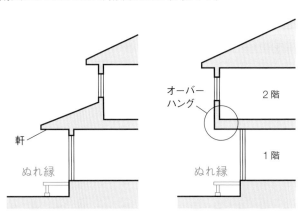

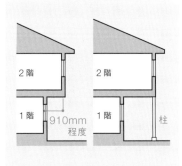

③ ベランダ

2階以上の屋外で、庇や軒下に設けられたスペース。
洗濯物を干すスペースとして使われることが多いようですが、スペースに
ゆとりを持たせて小さなテーブルや椅子を置くと、くつろぎスペースにも
なるでしょう。

a. 外壁から突き出たベランダ

❶ 一般的な軒の出

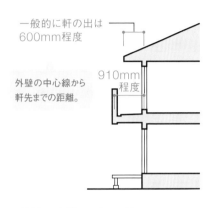

一般的に軒の出は
600mm程度

外壁の中心線から
軒先までの距離。

910mm
程度

❷ ベランダを覆う軒の出

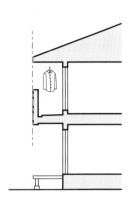

ベランダで洗濯物を干す場合は、
軒をベランダの先端まで出すと、
突然の雨でも、洗濯物が濡れる
のをある程度防ぐことができる。

近年では、軒を出さないデザイン
が増えていますが、ベランダに
洗濯物を干す場合は、急な雨
に備えて庇を設けましょう！

b. 部屋の上階がベランダ

❶ インナーバルコニー

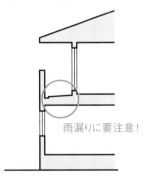

雨漏りに要注意！

❷ 多用途に使えるバルコニー

1,820mm
程度

ベランダの奥行きを1,820mm
程度確保すると、ゆとりのあるス
ペースが生まれる。

子供の転落に注意！

a. 縦桟 ： 縦桟の間隔は 150mm 以下

子供の頭が通り抜けない寸法

b. 横桟 ： 子供がよじ登れないような
　　　　　工夫が必要

手すりの高さと水勾配

a. 手すりの高さ： 1,100mm 以上
　　　　　　　　建築基準法

b. 水勾配： 1/50 以上

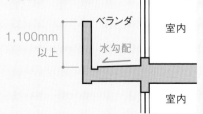

1,100mm
以上

ベランダ　室内

水勾配

室内

（7）外構

① 駐車スペース

駐車場の大きさは、車により異なります。
車種や台数に加え、将来的な計画があれば確認しておきましょう。

1. 標準的な車の大きさと駐車スペース （直角駐車の場合）

駐車スペースは定められた寸法ではないので、敷地の状況に
応じて検討する。

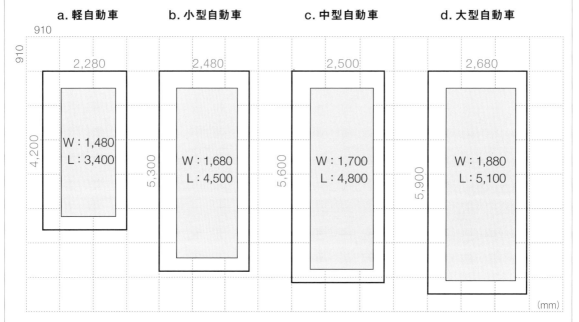

a. 軽自動車
910
910
2,280
4,200
W：1,480
L：3,400

b. 小型自動車
2,480
5,300
W：1,680
L：4,500

c. 中型自動車
2,500
5,600
W：1,700
L：4,800

d. 大型自動車
2,680
5,900
W：1,880
L：5,100

(mm)

2. 複数台の駐車スペース

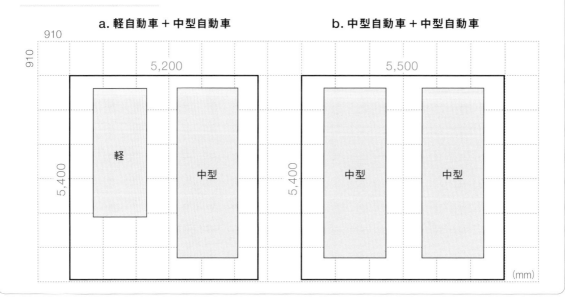

a. 軽自動車 ＋ 中型自動車
910
910
5,200
5,400
軽
中型

b. 中型自動車 ＋ 中型自動車
5,500
5,400
中型
中型

(mm)

① 駐車スペース

3. 車の乗降スペース

a. 一般運転者の場合

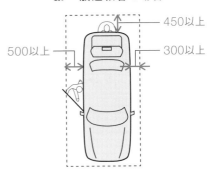

1. の駐車スペースの幅は、右の a. 一般運転者の場合を基準に求めた寸法。
必要に応じて駐車スペースを検討する。

450以上
500以上
300以上

b. 運転未熟者や杖などが必要な場合

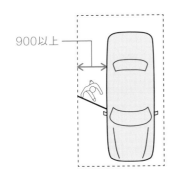

900以上

c. 車いす使用者（介護者付き）

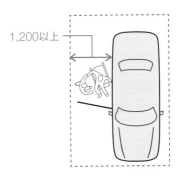

1,200以上

(mm)

② 自転車とオートバイ

自転車やオートバイの駐車スペースは、将来性も考えて必要に応じたスペースを確保しましょう。
オートバイは種類によって大きさが異なることにも注意が必要です。

a. 一般的な自転車の大きさ

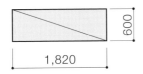

600
1,820

b. 原付2種（90cc）の大きさ

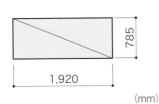

785
1,920

(mm)

STEP UP 自転車を家の中に入れておきたい

自転車を玄関に入れたい場合は、土間を広くするか、自転車を壁に掛けるなどの工夫をしましょう！

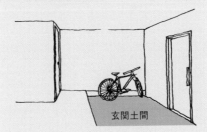

玄関土間

壁に掛けることも！

③ 外構の種類

外構は、建物の印象に大きく関わります。
また、防犯面にも影響します。

a. クローズド型

1. 塀を設ける（クローズド型）

閉鎖的なイメージだが、外部からの視線を遮るので、
敷地内には開放的な空間をつくりやすい。
門を施錠する場合には、来客時に門まで迎えにい
く必要がある。

b. セミクローズド型

防犯面

不審者が建物に容易に侵入できず、防犯性は高い。
ただし、一旦侵入すると道路から不審者が見えにくく
なるため、戸締まりなどにも注意が必要。

敷地内の風通しを良くするために、塀の代わりにフェンスなど
を設けるセミクローズド型もある。

2. 塀を設けずオープンな外構（オープン型）

開放的で建物の印象が伝わりやすい。
来客を玄関で迎えることができる。

c. オープン型

防犯面

不審者が立ち入りやすいため、セキュリティ対策にも
注意を払いたい。

敷地の隣地境界線と建物の距離

建物の外壁面を隣地境界線から500mm以上離す。

隣家への配慮から、民法で決められている寸法。

外壁の塗り替えなどで、足場を立てて作業する場合など

ただし、建物のメンテナンスの面では、700mm以上が
望ましい。

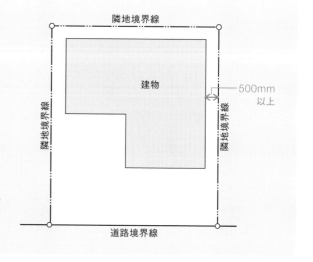

3　バリアフリーと部屋の寸法

車いすを利用する場合や、介護が必要な人と同居する場合には、さまざまな配慮が必要です。
家族全員にとって、快適で使いやすいプランが求められます。

1. 間取りと動きやすさの例

車いすを使う人や介護する人にとって、動きやすさは重要な要素です。
次ページから、使い方や寸法について説明します。

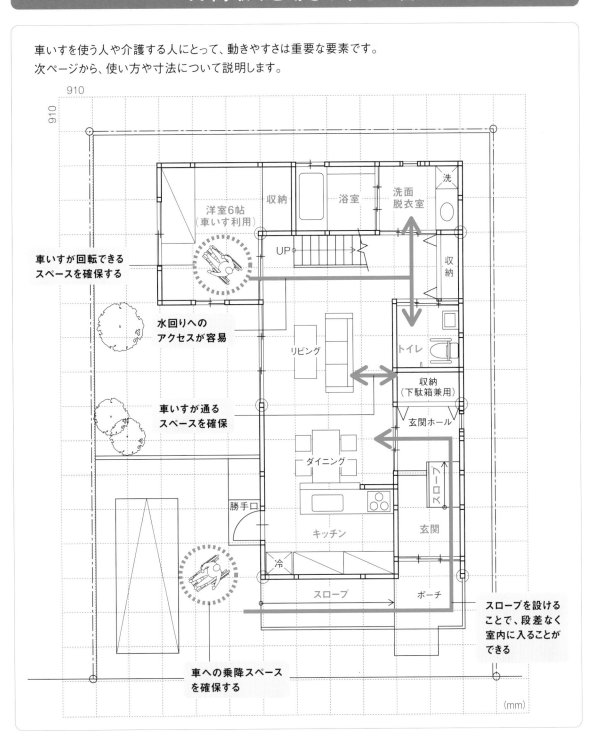

2. 単位空間と計画のポイント

(1) 移動

① スロープ

介護者がいる場合、自走でスロープを上り下りする場合、いずれの場合でも安全で無理のないものにしなければなりません。

踊り場
手すり

1. スロープの勾配

a. 介護者がいる場合

12 : 1

b. 自走する場合

15 : 1

2. その他の注意点

a. 手すり

スロープから転落すると大けがにつながるため、転落防止用の手すりや壁を設ける。

b. スロープの床面

滑りやすい材料では車いすが勢いよく滑り落ちるため、滑りにくい材料で仕上げる。

c. 踊り場

車スロープが長い場合は、車いすが滑り落ちるとスピードが加速して危険なため、途中に踊り場を設けて、減速または停止できるようにする。自走の場合には、休憩場所にもなる。

可動式のスロープ

スペースがない場合は、可動式のスロープを用意する。

バリアフリーを必要とする人たちとその寸法

バリアフリーが必要な人でも、状況に応じて求められる寸法はさまざまです。
車いすを使用するか、介護者がいるかなど、あらゆる可能性を踏まえて設計する必要があります。

a. 補助杖	b. 松葉杖	c. 歩行器	d. 車いす(自走)	e. 車いす(介助)
	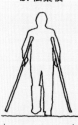	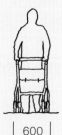	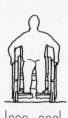	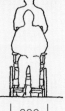
600〜700	900〜1,200	600	800〜900	600 (mm)

② 玄関

木造住宅では、玄関に段差が生じることが多く、段差を解消する工夫が必要です。
また、室内用の車いすに乗り換える場合もあるので、生活スタイルに合わせた対応が求められます。

1. 玄関の段差を解消する

生活スタイルに合わせて、以下a〜cのいずれかで対応することが多い。

a. スロープを設ける。

b. 段差解消昇降機を設ける。

c. 室内用の車いすに乗り換えるためのベンチを設ける。

2. 玄関扉

玄関扉の有効開口幅：800mm 以上。
親子扉や、3枚の引き戸などで、有効開口幅を確保する。

3. 手すり

多くの動作（立ち上がる、体の方向を変える、ドアを閉めるなど）に手すりを使うため、動作に応じた高さや長さ、角度を備えた手すりを設ける。

a. スロープ

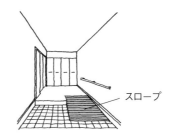

スロープ

b. 段差解消機

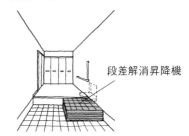

段差解消昇降機

親子扉の有効開口幅

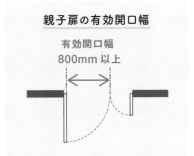

有効開口幅
800mm 以上

建築基準法で定められた1階の床の高さ

建物直下が土の場合、地盤からの湿気で1階の床組が腐食するおそれがある。そのため、湿気の影響を受けにくくする基準として、1階の床の高さが定められている。一方、床下をコンクリートで覆うことで、1階の床を低くして玄関の段差を最小限に抑えることができる。

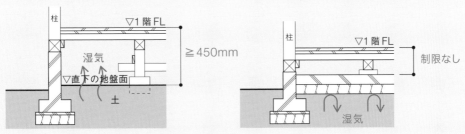

a. 床下が土（盛土）の場合

柱
▽1階 FL
湿気
≧450mm
▽直下の地盤面
土

b. 床下をコンクリートなどで覆った場合

柱
▽1階 FL
制限なし
湿気

③廊下と出入口

車いすを利用する場合は、介護者の有無により必要な廊下の幅や開口部の幅が異なります。

1. 廊下の有効幅

直進する場合の廊下の有効幅は、いずれも同じ。

a. 介護者がいる場合：780mm 以上
b. 自走する場合　：780mm 以上

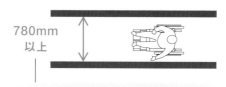

壁の内側から内側まで！

壁の中心からではなく、実際の廊下の幅であることに注意！

柱などがある場合

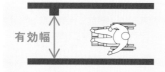

有効幅

廊下の幅が780mm では、直進はできるが、曲がることができない！

角の部分に隅切りを設けることで直角に曲がることができる。

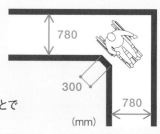

(mm)

2. 出入口の有効開口幅

介護者がいる場合は、直角に出入りできるが、自走の場合は、斜めに入ることになるため、介護者がいる場合よりも開口部の幅を大きくする必要がある。

a. 介護者がいる場合：750mm 以上
b. 自走する場合　：950mm 以上

有効開口幅

扉がある場合は、扉が開いた状態での有効開口幅であることに注意！

a. 開き戸

有効開口幅

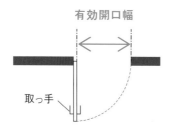

取っ手

扉の厚みに注意する。

b. 引き戸

有効開口幅

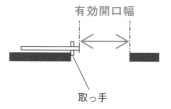

取っ手

引き戸は、取っ手が壁に当たるため、実際の有効開口幅に注意する。

（2）水回り

① 洗面・脱衣所

車いすでも使える洗面台は、高さを低くして、下部をオープンにするなどの工夫が必要です。

カウンターの高さを
動かせるものもある。

鏡

1. 洗面台

洗面台は、車いすが洗面カウンターの下に入るように、下部をオープンにする。

2. 鏡

鏡は、車いすに座った状態でも見えるように高さを調整する。
車いす利用者専用の場合には、鏡を斜めに取り付けることもある。

洗面台の高さの違い

a. 立って使う　　b. 車いすに座って使う

750〜800mm　　700〜750mm

脱衣所の手すりとベンチ

手すりを伝って浴室内に入れるように、適切な位置に手すりを設ける。
加えて、座って脱衣ができるように、ベンチを設けるとよい。

手すり

ベンチ

② 浴室

浴室は、使いやすさはもちろん、滑って転倒することがない安全な仕様が求められます。

1. 浴室の大きさ

出入口の位置は浴槽部分以外のどの面でもよい。
大きさは、介護の状態などに応じてより広いスペースが必要な場合もある。

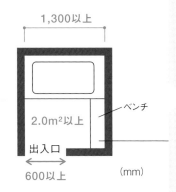

1,300以上

ベンチ

2.0m²以上

出入口

600以上

(mm)

手すり

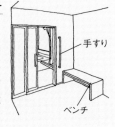

手すり

浴槽の出入りや、洗い場での立ち上がりを、安全に行うことができる。
手すりの寸法については、次ページ参照。

ベンチ

ベンチ

ベンチに腰を下ろしてから浴槽に入るので、バランスを崩すことなく安全に入ることができる。

2. 浴室の注意点

床は滑りにくい材料とし、出入口に段差を設けない。

③トイレ

トイレは、車いすで入る、介護者と入るといった状況に応じて、使い方や大きさが変わります。
また、できるだけ将来の状況も想定しておきましょう。

1. トイレの大きさ

車いすで利用する場合にどのような動きをするのかを
理解し、必要に応じたスペースを確保する。
以下の青文字の寸法は、いずれも有効幅。

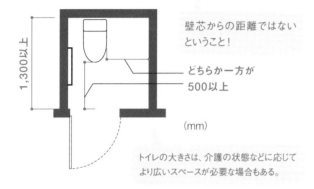

壁芯からの距離ではない
ということ！

どちらか一方が
500以上

（mm）

トイレの大きさは、介護の状態などに応じて
より広いスペースが必要な場合もある。

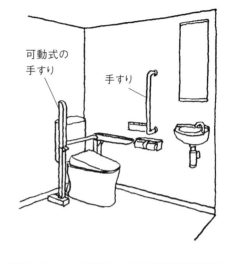

可動式の
手すり

手すり

2. 建具と出入口の有効幅

a. 建具

引き戸または外開き戸にする。

b. 出入口の有効幅

p.76の出入口の有効開口幅を参照。

可動式の手すり

便器の横の手すりは、車いすの動きに支障
がないように、跳ね上げ式か回転式にする。

通報装置

緊急時に家族に通報できるように、通報装置
を設ける。

トイレと浴室の手すりの位置

1. トイレの手すり（壁側）

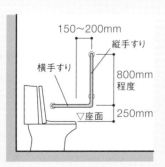

150〜200mm

縦手すり

横手すり

800mm
程度

▽座面

250mm

手すりを使う人の状態に応じて、手すりの位置を
少し前方（上図では右側）に取り付けることもある。

2. 浴室の手すり

a. 浴槽に入るとき

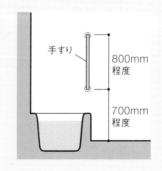

手すり

800mm
程度

700mm
程度

b. 浴槽から立ち上がるとき

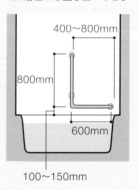

400〜800mm

800mm

600mm

100〜150mm

④ キッチン

料理には細かな動きが多く、時間もかかるため、効率よく動くことができる仕様とプランが求められます。

1. キッチンの形状と回転スペース

キッチンの下部をオープンにして、調理時の作業性を
よくする。天板の高さも、使う人に応じて使いやすい
高さを検討する。

キッチンの天板の高さ
を動かせるものもある。

a. L型キッチン

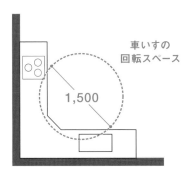

車いすの
回転スペース

1,500

L型キッチンは、車いすで最も使いやすい。

b. 対面キッチン、独立キッチン

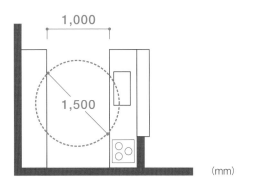

1,000

1,500

(mm)

キッチンの下部をオープンにして、キッチンの間隔を
1,000mm程度にすると、作業動線が短く効率もよい。

2. 吊り戸棚と収納

一般的なキッチンに設ける吊り戸棚では、扉を開け
て収納することができないため、昇降式の棚を用い
て、手の届く位置で収納できるようにする。

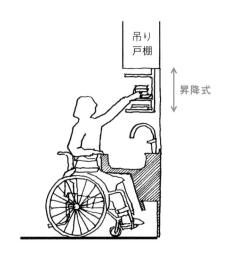

吊り
戸棚

昇降式

（3）個室と収納

① 寝室

寝室で長時間過ごすことが多い場合などは、使いやすさだけでなく、窓から景色を楽しんだり、天気の移り変わりを感じたりできるような工夫をしたいものです。

1. 車いすの場合

車いすが回転できるように、1,500mm のスペースを確保する。

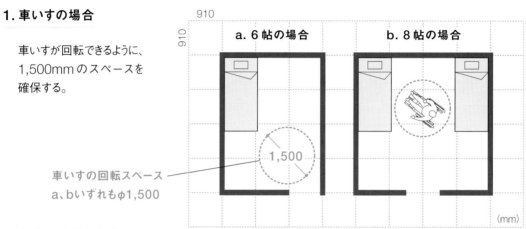

車いすの回転スペース
a、bいずれもφ1,500

2. 介護が必要な場合

両側から介護ができるように壁から500mm程度離す。
また、体にマヒがある場合、どちら側にマヒがあるかで、ベッドの配置が異なる。

介護用ベッドの大きさ

一般のベッドと同様に、さまざまなサイズがあるため、使用する人の身長などを参考に決める。

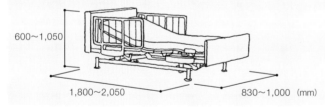

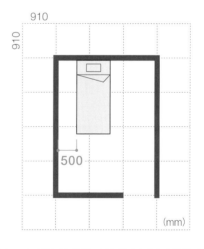

② 収納スペース

車いすに座ったままで収納する場合、高すぎても低すぎても使いにくいものです。
事前に収納するものがある程度わかっている場合には、収納するものに合わせて棚の位置を決めるとよいでしょう。

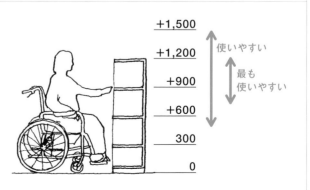

（4）駐車スペース

車いすを利用する場合の乗降スペースは、介護の有無でも異なるため、状況に合わせてスペースを確保しましょう。

a. 車いすの場合

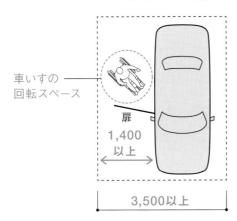

車いすの
回転スペース

扉

1,400
以上

3,500以上

b. 介護が必要な場合

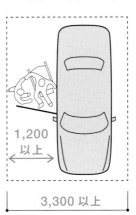

1,200
以上

3,300 以上

(mm)

STEP UP➘ 配慮は利便性を高める！

車いすを使用する人や高齢者、介護する人、介護される人など、その空間を使う人にとっての使いやすさを配慮することで、使い勝手のよいプランになります。

a. 介護者への配慮
　介護が必要な場合は、水回りを寝室の隣に設けることで、介護の負担がある程度軽減される。

b. 高齢者への配慮
　高齢者の寝室も、頻尿などを考慮して、便所や浴室を隣に設けることが望ましい。

c. アクセスの利便性
　屋外デッキなどを設け、寝室から駐車場に直接行けるようにすると、利便性が高い。

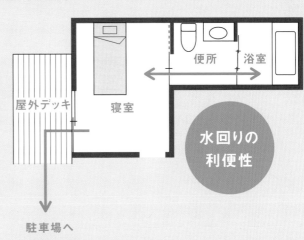

便所　浴室

屋外デッキ　　寝室

水回りの
利便性

駐車場へ

アクセスの
利便性

4 | 木造のしくみ

プランニングを始める前に、これだけは知っておこう！

せっかく素敵なプランを考えても、「このプランでは建たない！」と言われてしまっては残念です。
木造のしくみを少し知っておくことで、後戻りのないプランを考えることができます。

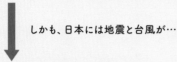

しかも、日本には地震と台風が…

地震や台風に強い構造が求められる!!

規模の大きな地震や台風でも壊れない建物をつくるためにも、
木造のしくみを知っておくことが重要です！

1. 空間を構成する要素

(1) 木造の骨組み

木造は、柱や梁などの骨組みで構成されています。
また、この骨組みに板材を張って面にすることで壁ができます。
骨組みの強さ、壁の強さが、木造の強さの**カギ**になります！

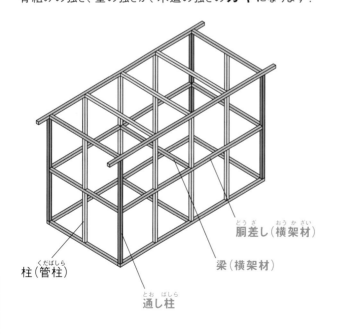

胴差し（横架材）

梁（横架材）

柱（管柱）

通し柱

横架材（水平の部材）は、場所により
役割が変わる。

例)

胴差し
外壁に面し、1階と2階をつなぐもの。

梁
2階に壁を設ける場合で、その直下の
1階に柱や壁がないときに必要な部
材。床を張るために梁を設けることも
ある。

① 柱は何のため?

通し柱、管柱ともに、建物を支える重要な部材です。特に通し柱を建物のコーナー部分に設けることで、地震で建物が揺れた場合にも崩壊することのない、揺れに強い骨組みをつくることができます。

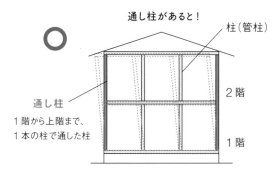

通し柱があると!

○

柱(管柱)

通し柱

1階から上階まで、
1本の柱で通した柱

2階

1階

全体が一体となって揺れるため崩壊しにくい。

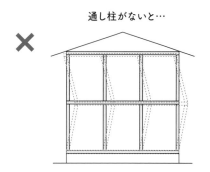

通し柱がないと…

×

2階

1階

1階と2階がバラバラに揺れるため崩壊しやすい。

② 壁は何のため?

壁は柱や横架材で構成され、連続させることで長さを持つ壁になります。壁が変形しなければ、建物全体の変形を防ぐことができます。

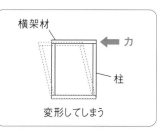

横架材

力

柱

変形してしまう

変形させないためには?

斜材(筋かい)　板材

または

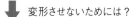
910mm 以上 1,820mm 以下

斜材や板材で補強された壁の部分を耐力壁という

窓は、耐力壁でないところに設ける!

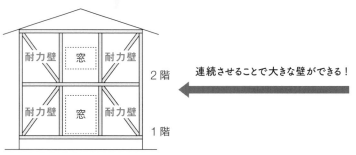

耐力壁　窓　耐力壁

2階

耐力壁　窓　耐力壁

1階

連続させることで大きな壁ができる!

すべての壁を耐力壁にするのではなく、必要な量をバランスよく配置することが重要!

③ 梁は何のため?

梁は壁から壁へ渡す横架材。
2階に壁を設けたいのに、直下の1階に壁や柱がない場合には、梁を設けることでその上に壁をつくることができます。

また、大きな空間では、壁が倒れるのを防ぐために梁を設けることもあります。

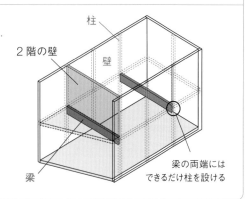

柱

2階の壁

壁

梁

梁の両端にはできるだけ柱を設ける

2. 計画のポイント

(1) 注意点：地震や台風に強い建物にするには？

① 大きな開口に注意

木造の場合、全面に大きな窓を設けて開放的な建物にすると、地震などの揺れに弱くなり、建物が崩壊する可能性が高くなります。

どうすれば大きな窓を設けて開放的な空間をつくることができるのかを見てみましょう。

1. 窓ばかりの建物はなぜダメなの？

壁の長さに対してどれだけ耐力壁が含まれているか、またバランスよく配置されているかが、建物の強度の基準になる。

 ということは？

耐力壁を確保するためには、壁全面に窓を設けるのは難しい!!

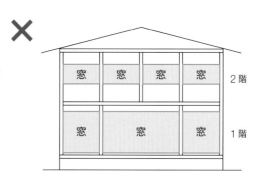

2. 大きな窓を設けるには？

a. 窓と窓の間に柱を入れる！

柱をデザインとして見せることができれば気にならないでしょう！

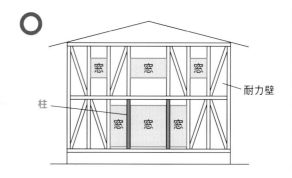

b. 窓の上部の胴差し（横架材）を大きくする！

大きな窓を設ける場合、直上の胴差しを大きくして対応します。
しかし、大きくするにも限界があるため、窓の幅は柱心の間隔で 3,640mm 以下になるようにしましょう！

胴差しに鉄骨を用いると、かなり大きな窓を設けることもできます。
ただし、耐力壁は必要！
または、特別な工法を用いる場合もあります。

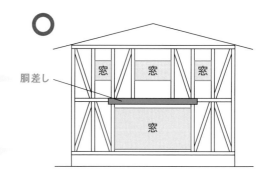

② 大きな空間に注意

一般的な住宅では、リビングなどの比較的大きな共用空間を1階に、個室を2階に配置する場合が多いため、構造面では負担がかかります。
できるだけ負担の少ないプランを考えることが重要です！

1. 1階に大きな空間をつくったらなぜダメなの？対処法は？

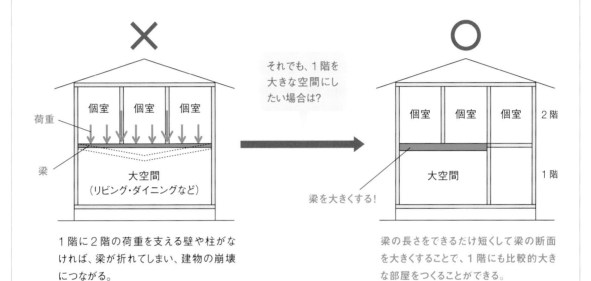

それでも、1階を大きな空間にしたい場合は？

梁を大きくする！

1階に2階の荷重を支える壁や柱がなければ、梁が折れてしまい、建物の崩壊につながる。

梁の長さをできるだけ短くして梁の断面を大きくすることで、1階にも比較的大きな部屋をつくることができる。

2. 1階にもつくることができる大きな空間の形状とは？

部屋の短辺方向の大きさを4,550mm以下にする。

2級建築士試験では基本的に3,640mm以下にする。

長手方向には制限がないので、大きな空間をつくることができる！

木造の住宅で細長いLDKが多いのはこのため！

鉄骨の梁を用いると、より大きな空間をつくることができます。

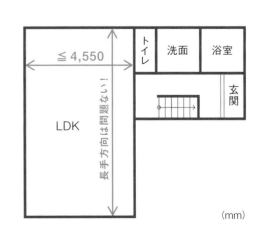

③壁の位置のずれに注意

建物や家具などの荷重は、上から下へと伝わるため、上下階の壁の位置を合わせると、力がスムーズに伝達されます。

力がスムーズに流れるということは、構造面で負担の少ない建物といえます。

どのような壁の配置がよいのか、見てみましょう！

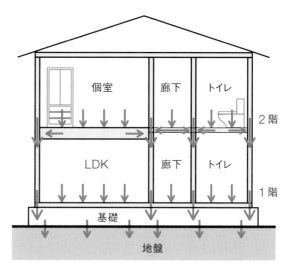

1. 上下階の壁の位置が揃っている

主な壁のラインが揃っているので、構造面での負担が少ない。

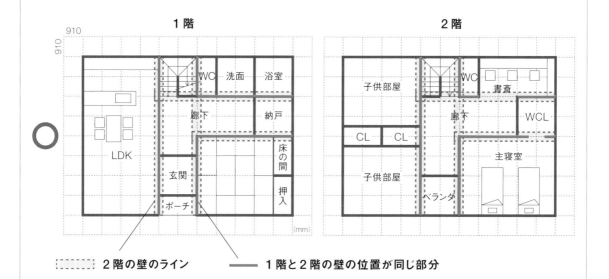

> すべての壁を揃えるということではなく、メインとなる壁の位置（ライン）が比較的揃っているということ！

> 1階と2階の壁の位置が揃っていない場合でも、1階に小さな部屋が並んでいるなどで、2階の壁の下に柱を設けることができれば、問題ない！

③壁の位置のずれに注意

2. 上下階の壁の位置がほとんど揃っていない

a. 1階と2階の壁の位置がバラバラ

主要な壁のラインが揃っておらず、構造面での負担が大きいため、よいプランとはいえない。

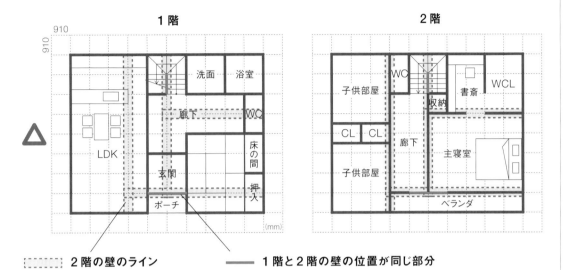

┈┈┈ 2階の壁のライン　　　━━━ 1階と2階の壁の位置が同じ部分

b. 2階の外壁のラインに1階の壁がない

1階と2階の大きさが異なり、2階の外壁直下に1階の壁がほとんどない場合には、耐震面で大きな問題となりかねない。また、2階の外壁のコーナー部分には、1階にも柱を設けることが望ましい。

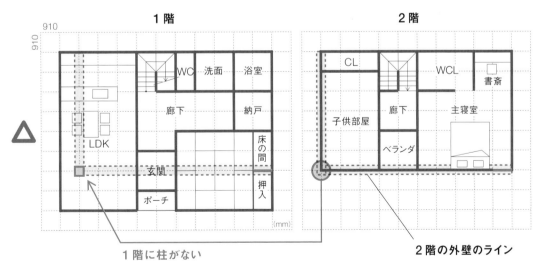

1階に柱がない　　　　　　　　　　　2階の外壁のライン

a、bいずれも、建てることができないわけではないが、地震などの揺れに強い建物とはいえない！
特別な工法を用いる場合もある。

STEP UP　2階に壁があるのに1階には壁も柱もない場合はどうする？

2階に壁を設ける場合には、壁の荷重を受けるための梁が必要！

a. スパンの大きい梁

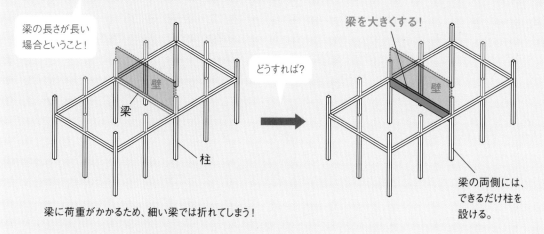

梁の長さが長い場合ということ！

どうすれば？

梁を大きくする！

梁に荷重がかかるため、細い梁では折れてしまう！

梁の両側には、できるだけ柱を設ける。

b. 大きな梁に大きな梁が接合する

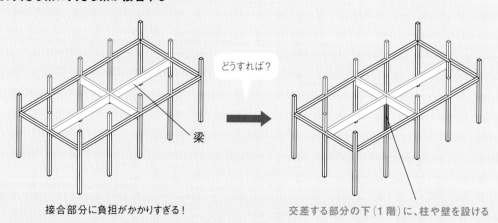

どうすれば？

接合部分に負担がかかりすぎる！

交差する部分の下（1階）に、柱や壁を設ける

リビングなどの中央に柱を設けなければならない場合でも、レイアウト次第では魅力的な空間にできる！（p.66参照）

c. 大きな梁に小さな梁が接合する

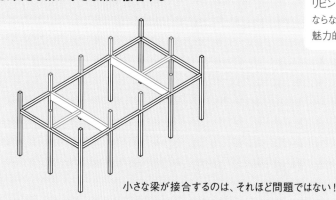

小さな梁が接合するのは、それほど問題ではない！

STEP UP 梁の強度は梁のせい(高さ)で決まる！

せい　← 梁幅

梁のせいが大きいほど、強度が強くなる！

スパン(梁の長さ)や荷重のかかり方に応じて、梁のせいを決める。

梁のせいを大きくしても、梁幅は変えなくてよいということ！

手持ちの定規で確認してみましょう！

a. 縦に持って曲げてみる　　b. 横に持って曲げてみる

曲がらない！　　　　　　　　簡単に曲がってしまう

↓ ということは？

梁は幅ではなくせいが大きいほど強い！

（2）柱の配置：効率のよい構造にするには？

① 柱の種類と間隔

柱(間柱を除く)を数多く配置すると必要以上にコストがかかるため、無駄のない効率的な配置が求められます。

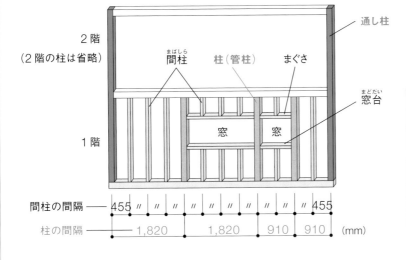

2階
(2階の柱は省略)

間柱　柱(管柱)　まぐさ

通し柱

窓台

窓　窓

1階

間柱の間隔 — 455 〃 〃 〃 〃 〃 〃 〃 〃 〃 455
柱の間隔 — 1,820 | 1,820 | 910 | 910 (mm)

構造材と補助材

a. 構造材：通し柱、管柱
建物の強度を保つために必要な部材

b. 補助材：間柱
壁をつくるための柱で建物の強度には関係しない

	名称	断面のサイズ	柱の間隔
1階から2階まで1本の材で通した柱	通し柱	120 × 120	
各階ごとに用いる柱	管柱	105 × 105	1,820 以下
壁を設けるための柱	間柱	45 × 105	455

窓などの開口部を除く。

(mm)

② 柱を配置する

平面プランを考えるときに、必ず柱を設けなければならない部分があります。
また、長い壁を設ける場合は、一定間隔以内に柱を設けなければなりません。
柱が必要な部分（a～d）を確認し、以下の平面プランを見てみましょう。

柱が必要な部分

　a. 建物のコーナー部分（通し柱）
　b. 壁が交差する部分
　c. 建具（窓や扉）の両側
　d. 壁が長い場合には、柱の間隔が 1,820mm 以下になるように柱を配置する

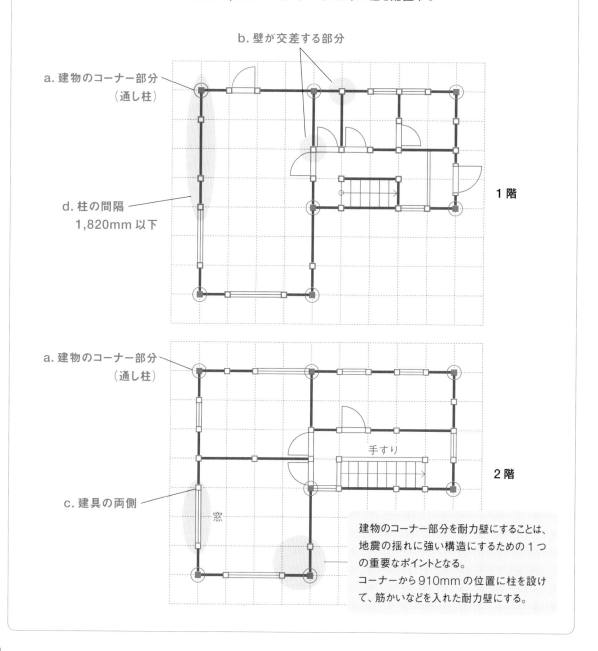

b. 壁が交差する部分

a. 建物のコーナー部分
（通し柱）

d. 柱の間隔
1,820mm 以下

1 階

a. 建物のコーナー部分
（通し柱）

手すり

2 階

c. 建具の両側

窓

建物のコーナー部分を耐力壁にすることは、地震の揺れに強い構造にするための1つの重要なポイントとなる。
コーナーから910mm の位置に柱を設けて、筋かいなどを入れた耐力壁にする。

③ 上下階の柱はできるだけ揃える

2階に柱があるのに1階に柱がない場合には、2階の柱を受ける横架材（胴差しなど）に負担がかかります。できるだけ柱の位置を揃えて構造面での負担を減らしましょう。

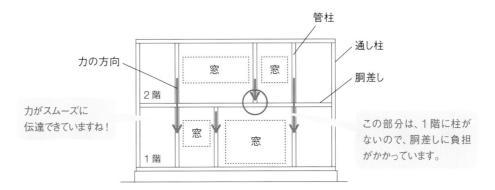

力がスムーズに伝達できていますね！

この部分は、1階に柱がないので、胴差しに負担がかかっています。

STEP UP 窓の位置も揃えるとメリット大！

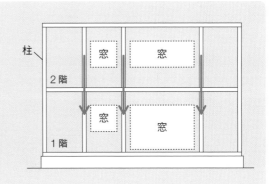

・1階と2階の窓の位置を揃えると、柱の位置も揃う！

・建物の外観も整然と美しくなる！

窓の大きさは自由に決められる！

既製品の建具は、木造のモジュールに沿った寸法でつくられているが、規格外の大きさの窓を設けたい場合には、間柱や方立（ほうだて）などで位置を調整することで取付けることができる。

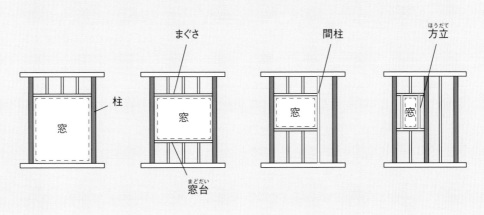

STEP UP⤵ 地震や台風に対して安全・安心に住める家にするには？

耐力壁の量（耐力壁の長さ）が重要！
壁量（へきりょう）計算をして必要な壁量を求める。（計算方法は p.140～142 参照）

↓ 部屋の中に筋かいが！？

デザインで設けることもありますが、多くの原因は耐力壁が足りないため。

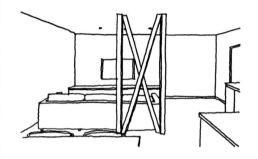 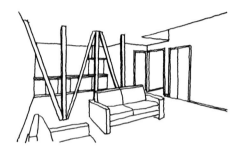

昔の家を改装した建物によく見られますが、新築の場合は、あえて見せるようなデザインでなければ、できるだけ耐力壁を壁の中に隠すように考えましょう。

↓ 耐力壁の配置は、バランスも重要！

○

上下左右にバランスが取れているので、地震などで建物が揺れても崩壊するおそれが少ない。

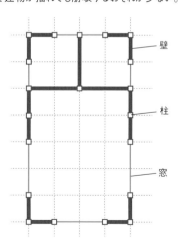
壁
柱
窓

✕

地震などで建物が揺れた場合、建物がねじれをおこして崩壊するおそれがある。

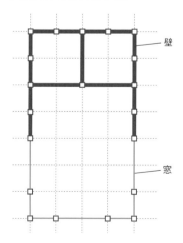
壁
窓

2章 プランニング

1 調べること／考えること

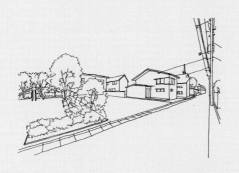

敷地の状況

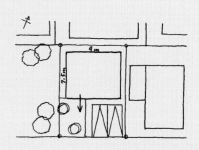

建物の配置

2 プランをまとめてみよう

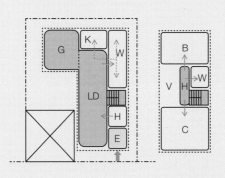

ゾーニング

外観のイメージ

1 調べること／考えること

プランニング図を書く前に、まずは建築主の要望を聞き、敷地にかかっている規制などを調べます。そして、さまざまな視点から建物のイメージを検討します。この作業をすることで、コンセプトが明確になり、よりよい生活スタイルを提案をすることができるでしょう。

1. 条件を整理する

(1) 要望をまとめる

まず建築主にヒアリングを行い、要望や条件、生活スタイルなどを確認します。
本書では、以下に想定した要望をもとに計画を進めます。
実際にヒアリングを行う際にも、重要な項目から順を追って確認しましょう。

1. 住宅を建てるための条件は?

住宅を設計する上で、最も重要となる条件を確認する。

- 用途 ：1戸建ての住宅
- 家族構成：家族4人(30代夫婦、子供2人)
- 広さ ：35〜40坪(事前に土地は購入済み)
- 予算 ：○,○○○万円程度

その他にも、必要なことがあれば確認しておく。
（オール電化など）

どのような生活を
望んでいるの?

- **坪単価**

  坪単価は設計条件によって異なりますが、木造住宅の場合は70〜80万円程度が一般的です。
  ハウスメーカーなどでは、30〜40万円のところもあるようですが、あくまで最低価格なので、要望が多いと結局同額になってしまったという例も…

- **住宅ローン**

  住宅を建てるための資金確保も重要な問題です。
  住宅ローンを使う場合は、住宅の性能を上げると金利の優遇を受けられる制度などがあります。

STEP UP 同じプランでも構造が変わるとコストも変わる!

a. 木構造(木造)
一般的な住宅の規模であれば、コスト面で最も効率的。

b. 鉄骨造(S造)
大空間をつくりたい場合などに向いている。木構造でも大空間の梁の一部に鉄骨梁を用いることがある。

c. 鉄筋コンクリート造(RC造)
コンクリートの自重が大きいため、地盤に杭を打つ必要がある。
最もコストがかかる構造。

今回は木構造で決定!

2. 生活スタイルは？

家族の過ごし方や間取りについての要望を確認する。

a. 間取りについての要望

- 小さくてもいいので、子供が遊べる庭がほしい。
- キッチンは対面式で、子供の様子をうかがいながら料理をつくりたい。
- できれば勝手口がほしい。
- 吹抜のあるリビングに憧れる。
- アイロンがけや、本を読んだりするスペースがほしい。
- 子供部屋は、今は1部屋でいいが、将来的には2つに分けたい。
- 駐車スペース1台、できれば来客用にもう1台。

b. 子供との関わり

- 子供部屋は設けたいが、できるだけ子供の様子をうかがえるようにしたい。
- 子供が小さい間は、ダイニングで宿題をさせたい。

c. 家事の動線

キッチンや洗面などの水回りを近くに配置して、家事をスムーズに行えるようにしたい。

建物の外観は？

家族によって生活スタイルや要望はさまざまです。
しっかりとヒアリングをしましょう！

3. 建物のイメージは？

建物のイメージを確認する。

- 昔ながらの木造住宅が好き。でも近代的な白っぽい建物も好き。

建築主の要望通りでいいの？

4. プランをまとめる

要望をそのままプランに組み込めばよいというものではなく、それらの要望を踏まえて、よりよいプランを考えることが大切！

信頼関係も大事ですね！

よいプランを提案することで建築主の要望も変わることがあります。その家族の生活スタイルをしっかり踏まえた上でプランを考えましょう。

（2）敷地を読む

① 敷地の確認

敷地や周囲の環境は、できるだけ実際に見て確認しましょう！

敷地が遠方などで現地に行くことが難しい場合は、取り急ぎインターネットサービスにあるような航空写真やストリートビューで確認することもできます。

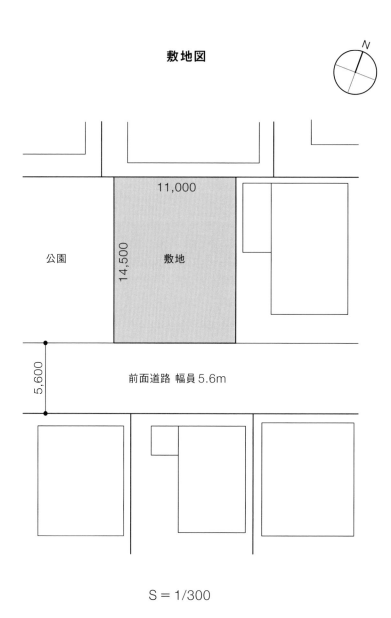

敷地図

S = 1/300

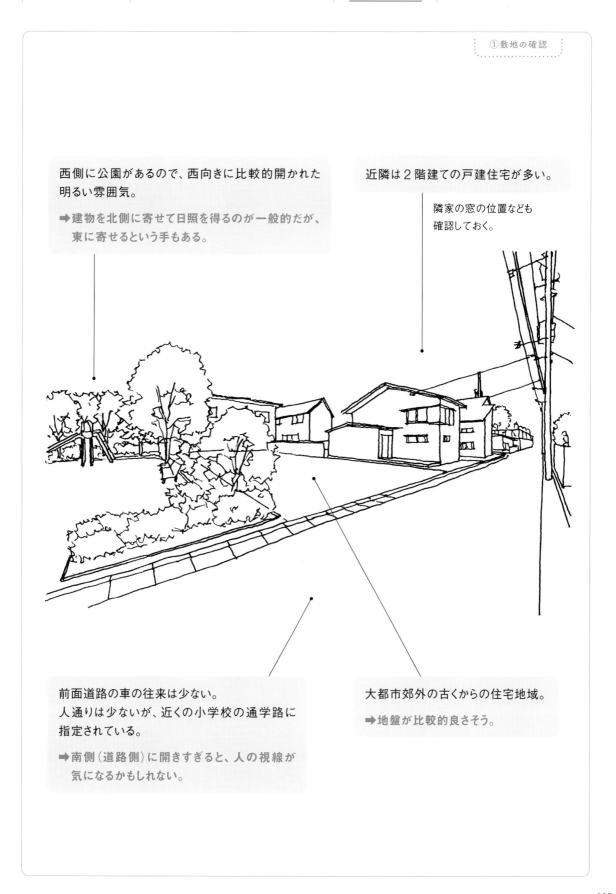

西側に公園があるので、西向きに比較的開かれた
明るい雰囲気。

➡建物を北側に寄せて日照を得るのが一般的だが、
　東に寄せるという手もある。

近隣は2階建ての戸建住宅が多い。

隣家の窓の位置なども
確認しておく。

前面道路の車の往来は少ない。
人通りは少ないが、近くの小学校の通学路に
指定されている。

➡南側（道路側）に開きすぎると、人の視線が
　気になるかもしれない。

大都市郊外の古くからの住宅地域。

➡地盤が比較的良さそう。

敷地環境以外で現地で確認しておくこと

a. 隣地境界線と道路境界線の確認

特に隣地との境界は、隣家ともめる原因になることが多いため、必ず確認する。

塀の内側？ 塀の外側？ 塀の中心？

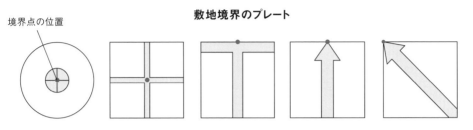

境界点の位置

敷地境界のプレート

地盤面にこのような印のプレートがあれば、敷地境界線がはっきりしているが、プレートがない場合には、隣家との相談が必要！

> 隣地境界線で隣家ともめてしまうと、住み始めてからも、いい関係を築きにくくなります。
> お互いが納得のいくようにしっかり話し合いましょう。

b. 地盤調査

良好に見える土地でも、実は軟弱地盤であることも。家を建てた後に地盤沈下などが発生すると、改良に多額の費用が生じるため、できるだけ地盤調査をしておく。
土地を購入する際の書類に記載されていることもある。

その他、**方位の確認**、**敷地の測量**なども行う。

傾斜地の敷地

「**盛土**」と「**切り土**」どちらがよい？

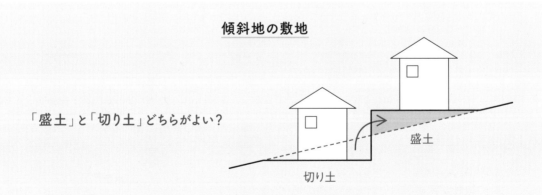

盛土

切り土

造成地で傾斜地の場合には、土を有効利用するために、切り土で切り取った土を使って盛土を造成するのが一般的で、盛土の方が地盤の強度は弱い場合が多い。
状況により、盛土には補強をする。

1. 条件を整理する／（2）敷地を読む

② 法的制限の確認

敷地には、周囲の環境保全などの理由から、さまざまな規制がかけられています。
また、建物の構造や設備についての基準なども設けられています。
どこに行って、何を調べるのかを見てみましょう。

1. どこで調べるの？

その地域の役所に行き、実際にどのような規制があるのかを確認する。
自治体によっては役所のホームページでも閲覧できる。

> **重要事項説明書**
> 土地を購入する際の書類「重要事項説明書」に記載されていることがありますが、やはり詳しいことは役所で確認した方がよいでしょう！

2. 調べたこと

> 青文字の項目は、次章「法規は誰のため？何のため？」で解説します。

▷ 敷地面積：159.5m²
▷ 前面道路(p.120)：幅員 5.6m　法 42 条 1 項 1 号道路(市道)
▷ 都市計画：都市計画区域内(市街化区域)
▷ 用途地域(p.121)：第 1 種住居地域
▷ 防火地域(p.138)：指定なし(法 22 条区域)
▷ 日影規制：建築物高さ＞10m、測定面 GL ＋ 4m、規制日影時間 5h / 3h
▷ 建ぺい率(p.127〜129)：60%
▷ 容積率(p.124〜126)：200%　← いずれかの厳しい方
　・都市計画によって定められた容積率：200%
　・前面道路の幅員による容積率：
　　　　5.6m × 4/10 × 100 ＝ 224.0%
▷ その他の法令・制限：なし

その他、上下水道の状況や浄化槽が必要かどうかなども調べておく。

確認申請書

建物を建てる前に、役所に確認申請書を提出して許可を得なければ、建物を建てることができない。
民間の指定確認検査機関に提出する場合もある。
また、建物が完成した際には、申請書の通りに建てられたかを確認する完了検査を受けなければならない。

必要事項が記載された書類や図面をまとめたもの

2. いろいろな視点から建物をイメージする

（1）建物の配置

敷地の環境や設計条件から、どのように建物を配置するのかを考えましょう。

- **敷地の環境で重要なポイント**：方位、隣地の状況（道路、建物、公園など）
- **配置に関係する設計条件**　：子供が遊べる庭、2台分の駐車スペース

上の条件から、まずは1階・2階とも20坪（約66m²）程度とした建物の箱をどのように置くか考えます。

① 北側に配置

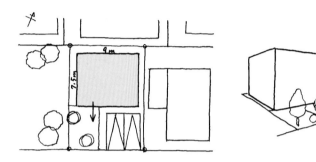

日照を確保するために、建物を北側に寄せて南側に空地を設ける。
ただし、この敷地では、南側にとれるスペースが小さいため、庭が道路に接してしまう。
子供が安全に遊べるようにするためには、道路沿いに塀を建てるなどの工夫が必要。

② 東側に配置

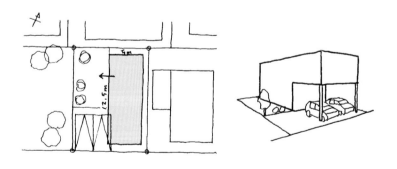

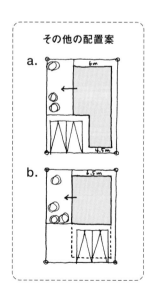

その他の配置案

a.

b.

西側に公園があることを活かして、建物を東側に寄せて西側に空地を設ける。
ただし、駐車スペースを2台分確保するために、平面を変形させるか、1階の
外壁面を下げてピロティにする必要があるかもしれない。また、1階の面積が
小さくなると2階にリビングを設けることが多いので、庭とリビングのつながり
が薄れてしまう可能性もある。

③ L型に配置

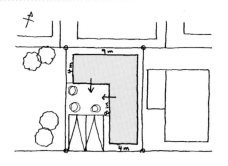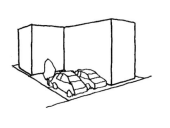

その他の配置案

①と②の折衷型。
庭が建物と駐車場の間に納まるので、子供を安全に遊ばせることができる。
庭が囲まれて中庭のようになり、よりプライベートな空間になる。平面をコ
の字状に少し変形させてもよい。平面を大きく取れるので、室内に吹抜を
つくったり一部を平屋にするなどプランニングの工夫もしやすい。

④ その他の配置

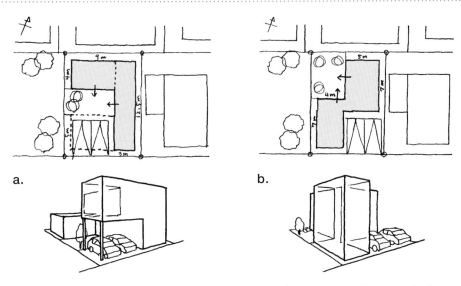

a. 　　　　　　　　　　　　　　b.

2つの箱に分けてつなげる、1階と2階でLの向きを変えて駐車スペースに屋根をかけるなど、いろいろ考
えることができる。
ただし、木造なので屋根の形状が複雑になり難しそう。また、形が複雑になるとコストが上がりやすいという
側面もある。

 検討した結果は？

この敷地には、**③ L型に配置** が良さそうです。
L型でゾーニングを進めてみましょう！

一度決めた配置案も、プランニングを始めると
うまく納まらない場合があります。
その場合はここに戻り、もう一度検討しましょう！

2. いろいろな視点から建物をイメージする

（2）ボリュームとゾーニング

① ボリューム

建物のボリュームと建築費用は大きく関係します。
まずは敷地に対してどの程度のボリュームになるかを
確認してみましょう。

1. 敷地に対してボリュームを描いてみる

右図のように、建物の形状がL型になるように、モジュールに合わせて描いてみる。
このとき、外壁を敷地境界線から900〜1,000mm程度離して描く。

2. 面積計算をする

2階建ての部分：6マス × 12マス
➡ 5.46 × 10.92 = 59.623
2層なので、59.623 × 2 = 119.246m²

平屋建ての部分：3マス× 4マス
➡ 2.73 × 3.64 = 9.937m²

合計 129.183m²

坪に換算すると 129.18 × 0.3025 = 39.076 8坪
(p.11参照)

建築主の要望の35〜40坪　OK!

図（敷地図）：
910
11,000
1階のみ（平屋）
900〜1,000
1階+2階
14,500
隣地境界線
駐車場
道路境界線
(mm)

面積計算は、各面積を
合計してから最後に四
捨五入します。

② ゾーニング

建物の配置がおおよそ決まれば、次はゾーニング。
建築主の要望に沿うように、用途や機能などに基づいて
ゾーン分けを行い、動線を確認します。

生活スタイルに沿ったものでも
答えは1つではない！

よりよい生活スタイルの提案を
することも！

この段階から建物のデザインも頭に描き
ながらゾーニングを考えましょう！

ゾーニングと建物のデザインを繰り返し
考えることで、しっかりとしたコンセプトを
持つことができます！

②ゾーニング

a. リビング接続型

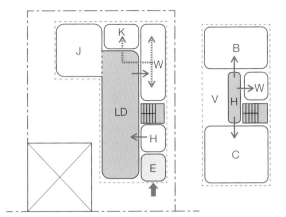

リビングを中心に、家族とのコミュニケーションが図りやすい。
リビングを吹抜にすることで、2階にいる子供ともコミュニケーションが図れる。
現代に多く見られるタイプ。

←	： 室へのアプローチ
⋯←	： 家事動線
←	： 建物へのアプローチ

b. 玄関ホール接続型

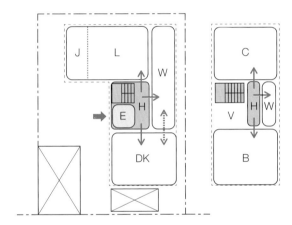

1階のホールは、リビングやダイニングと一体として使うことができる。
また、プライベートスペースを見られることなく、来客を迎え入れることができる。
西洋で多く見られるスタイルを取り入れたタイプ。

E	： 玄関
H	： ホール(玄関ホールを含む)
L	： リビング
D	： ダイニング
K	： キッチン
W	： 水回り(トイレ・洗面・浴室)
C	： 子供部屋
B	： 主寝室(夫婦寝室)
J	： 和室(客間を兼ねる)
V	： 吹抜

c. その他の接続型

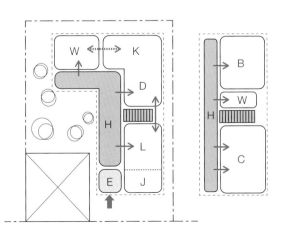

常に庭に面したホール(廊下)を通り、部屋から部屋へと移動することで、季節の移ろいを感じながら生活することができる。
日本の伝統的な生活スタイルを取り入れたタイプ。

2. いろいろな視点から建物をイメージする

（3）外観デザイン

① 全体像のイメージ

建物の全体像をイメージしておくことは、重要な要素の1つです。その場その場で部分的に決めていくのではなく、全体のイメージに合うように部分を決めていく方が、デザイン的にもまとまりやすくなります。L型の建物の場合、以下のような考え方ができます。

a. 1つの立体から切り取る

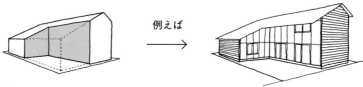

例えば

b. 同じ断面でL型に折り曲げる

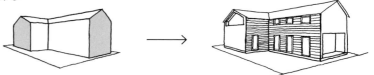

c. 複数のブロックの集合体にする

d. 層ごとにデザインを変える

e. 伝統的な日本建築の要素を入れる

2階の壁面を下げる（下屋）・ぬれ縁・柱の露出（真壁）など

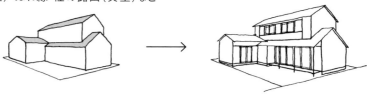

L型をシンプルに考えると一般的にはこの形状

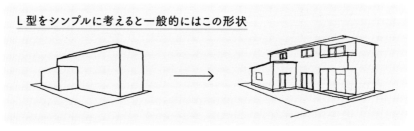

いくつかの例を挙げましたが、他にもいろいろな考え方ができます。自分なりに考えてみましょう。
また予算、建築主の好みも大きく影響します。

② 木造の屋根

屋根の形状や材質も、外観デザインの重要な要素の1つです。
平面の形状や、全体像のイメージに合わせて考えましょう。

1. 屋根の形状

屋根の形状は複雑にするほど雨漏りの原因になるため、できるだけシンプルな形状にする。
住宅では、切妻屋根や寄棟屋根、片流れ屋根が多く用いられている。

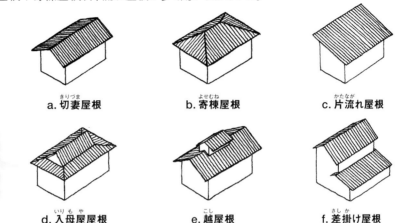

a. 切妻屋根（きりづま）　　b. 寄棟屋根（よせむね）　　c. 片流れ屋根（かたながれ）

入母屋屋根は、
伝統的な木造
建築物に多く
見られる。

d. 入母屋屋根（いりもや）　　e. 越屋根（こし）　　f. 差掛け屋根（さしかけ）

2. 屋根の材質と特徴

a. 瓦屋根

日本家屋に多く用いられている。
瓦は重量が大きいため、地震などで建物が大きく揺れた場合、
構造に影響を及ぼす場合がある。
また、地震や台風で瓦が飛んだり落ちたりすると危険なため、
近年は瓦を1枚ずつ釘などで固定することが多い。

瓦屋根

b. スレート屋根　　2022年義務化予定

瓦よりも軽く地震に強いため、多くの建物に用いられている。

スレート屋根

c. 金属屋根

勾配をあまり設けたくない場合などに多く用いられる。
金属のため、雨音が気になる場合がある。

断熱材が雨音を
吸収するため、そ
れほど気になら
ないことが多い。

金属屋根

屋根の勾配

瓦屋根	：4/10〜7/10
スレート屋根	：3/10〜7/10
金属屋根	：0.5/10〜

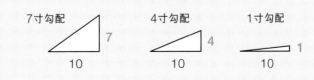

7寸勾配　　4寸勾配　　1寸勾配

③ 外壁の質感

建物を外から見たときに、外壁の占める割合は大きく、外壁で建物の印象が決まることもよくあります。
そのため、材質や色の選択はとても重要です。

1. 塗り壁：土などの自然素材や人工的な樹脂素材をペースト状にして塗り重ねる

工法によっては目地のない面をつくることができる。
コテなどの道具で模様をつくり出すこともできる。
ひび割れを起こしやすいので注意が必要。

a. 吹付、押え	b. 櫛引、刷毛引	c. コテ波、扇など
スプレー、ローラー、コテなどで模様のない面をつくる	筋目をつけてストライプ模様の面をつくる	コテの跡を消さずに残したり、意図的に模様をつくって変化をつける

2. 板張、レンガ、タイル貼など：自然素材を成形したものをはる

手間とコストがかかるが、自然素材ならではの風合いを得ることができる。
同じ素材でも大きさやはり方によって印象が異なる。
木は劣化しやすいので注意が必要。

a. 木	b. レンガ	c. タイル
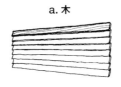	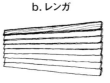	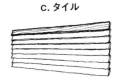

3. サイディング、ALC（軽量気泡コンクリート）など：機能性を付加してつくられた板材を取り付ける

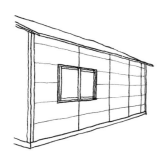

防火性、断熱性、耐久性、耐候性などに優れたものが多い。
窯業系サイディングや ALC は板目模様やレンガ模様、塗り壁調など、いろいろなデザインのエンボスが施されていてつなぎ目が目立たないようになっている。

a. 窯業系サイディング、ALC	b. 金属系サイディング	c. 木質系サイディング

STEP UP　エスキースって何のこと？

図面を描く前の作業（調べる、考える、プランをまとめるなど）を一般的にエスキースといいます。
この作業を行うことで、明確なコンセプトを持ったよいプランになります。

2 プランをまとめてみよう

建物のイメージの検討が終われば、次はいよいよプランニング図です。どのような生活をするのか
をイメージしながら部屋の大きさや使い方を具体的に考えて、プランをまとめていきます。建物の
外観デザインも同時に考えましょう。

1. プランニング図を描く

(1) ゾーニングと外観イメージの再確認

建物の外観をイメージしながら、ゾーニング図にしたがって、部屋の配置を検討します。
同時に外観をイメージすることで、部屋の配置や窓の位置も決めやすくなります。

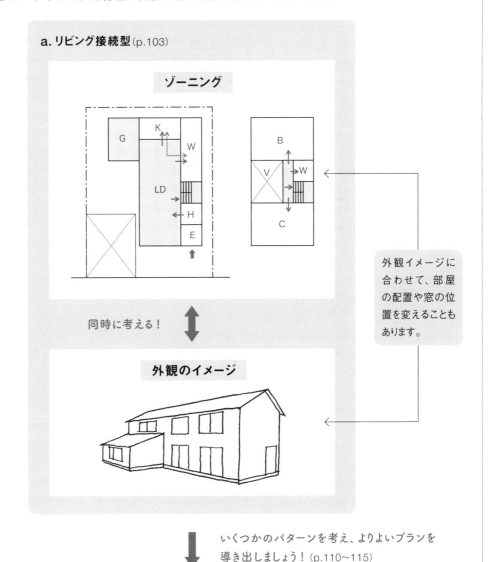

a. リビング接続型 (p.103)

ゾーニング

外観イメージに
合わせて、部屋
の配置や窓の位
置を変えることも
あります。

同時に考える！

外観のイメージ

いくつかのパターンを考え、よりよいプランを
導き出しましょう！(p.110〜115)

（2）プランニング図の描き方

描き方に決まりはありませんが、一般的に以下のように描きます。

畳
畳のラインを描くことで部屋の大きさがわかる

外壁
外壁は1本線で太く描く

水回り
家事動線がわかるように、洗面台や浴槽なども描く

隣地境界線からの距離
隣地境界線から1グリッド程度離れたところに外壁を配置する

家具
生活スタイルがわかるように、キッチンやテーブル、ソファなども描く

吹抜
上部の吹抜の位置がわかるように一点鎖線で表す

周囲の状況
建物のプランや外観に関わる要素（公園など）があれば、簡単に描く

寸法線
建面積計算ができるように、寸法線を描く

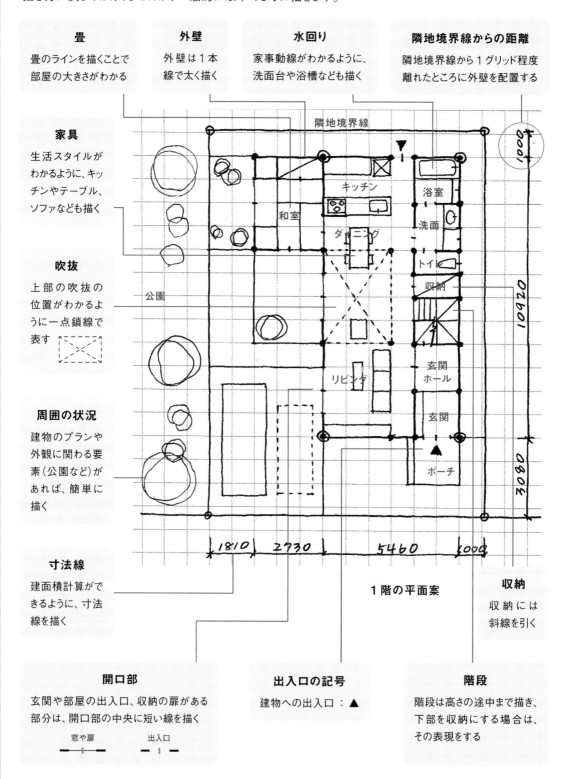

1階の平面案

収納
収納には斜線を引く

開口部
玄関や部屋の出入口、収納の扉がある部分は、開口部の中央に短い線を描く

窓や扉

出入口

出入口の記号
建物への出入口：▲

階段
階段は高さの途中まで描き、下部を収納にする場合は、その表現をする

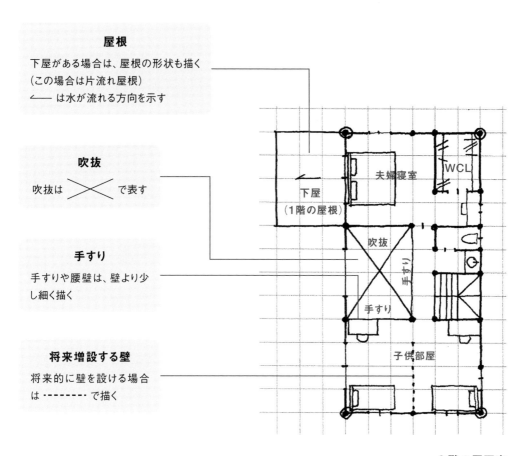

屋根

下屋がある場合は、屋根の形状も描く
（この場合は片流れ屋根）
◀── は水が流れる方向を示す

吹抜

吹抜は ✕ で表す

手すり

手すりや腰壁は、壁より少し細く描く

将来増設する壁

将来的に壁を設ける場合は ------- で描く

2階の平面案

1/100 でプランニングをする場合

1 グリッド ＝ 9.1mm
（1/200 の場合は 4.55mm）

```
        9.1
   ┌──┬──┐
9.1│  │  │
   ├──┼──┤
   │  │  │
   └──┴──┘
```

※ 5mm 方眼紙などで代用する場合もある

STEP UP ♪ **プランニングは 1 つじゃない！**

要望は 1 通りでも、コンセプトの異なるプランはいろいろ考えられます。
プランニング図だけではなく、建物の内観や外観などのスケッチも描きながら案をまとめてみましょう。
本書では、A、B、Cの3案を紹介します。それぞれのプランニングの特徴を踏まえて、見比べてみましょう。
答えは 1 つではありません。ぜひ皆さんも 1 案考えてみては？

A、B、C案を見てみましょう！

Plan_A

LDK が見渡せるプラン

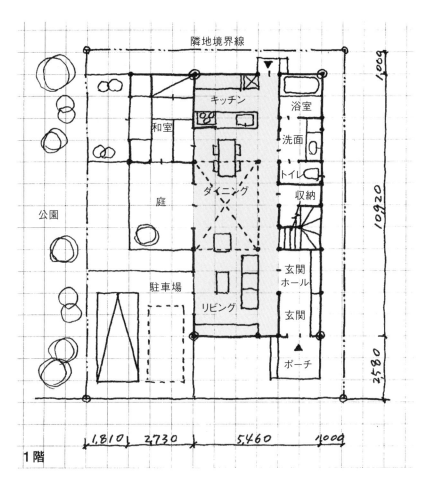

1階

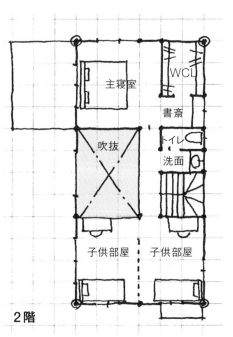

2階

プランニングの特徴

・LDK が見渡せるプランなので、家事をしていても
　家族の様子がうかがえる。

・大きな吹抜があり、1階と2階に一体感がある。

・2階の子供部屋の吹抜側を腰壁にすることで、キッ
　チンやダイニングから子供部屋の様子をうかがえる。

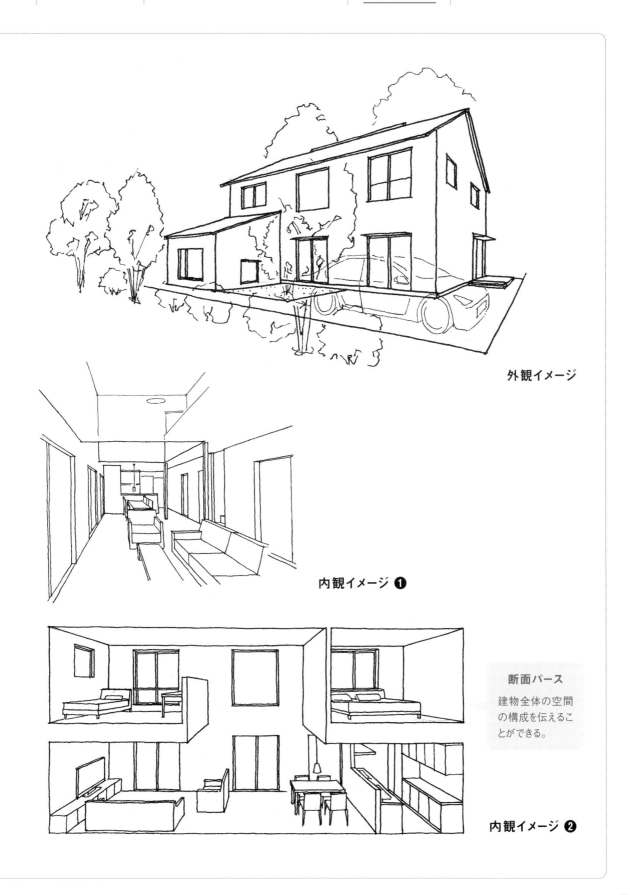

外観イメージ

内観イメージ ❶

断面パース

建物全体の空間
の構成を伝えるこ
とができる。

内観イメージ ❷

Plan_B

玄関を中心に
広がりのあるプラン

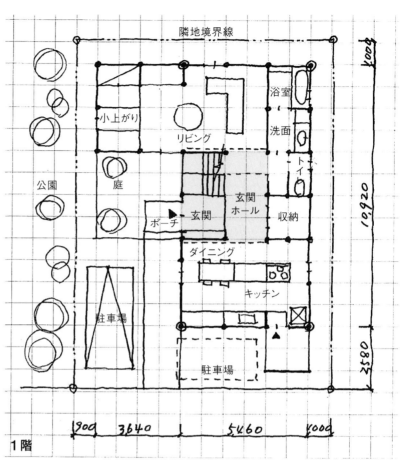

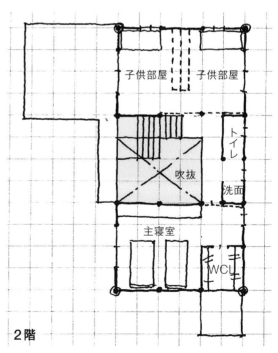

プランニングの特徴

- 吹抜の玄関ホールにすべての部屋が接続するため、各部屋のオープンとクローズの切り替えがしやすい。

- 単なる玄関ホールではなく、玄関が面している庭と一緒に中庭のような空間がつくれれば、使い方に広がりが出る。

- 2階にいても、家族の家への出入りを感じることができる。

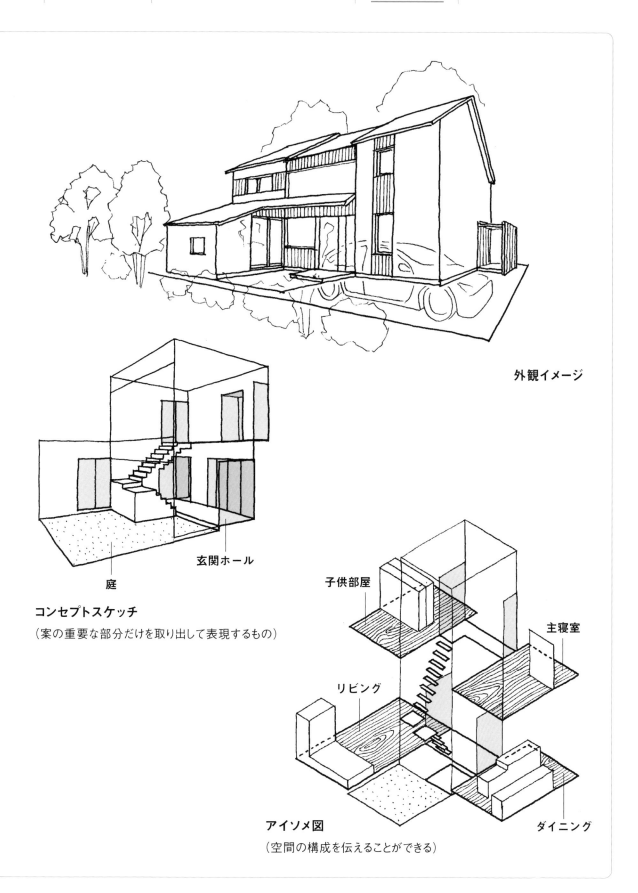

外観イメージ

玄関ホール

庭

コンセプトスケッチ
（案の重要な部分だけを取り出して表現するもの）

子供部屋

主寝室

リビング

ダイニング

アイソメ図
（空間の構成を伝えることができる）

Plan_C

回遊できるプラン

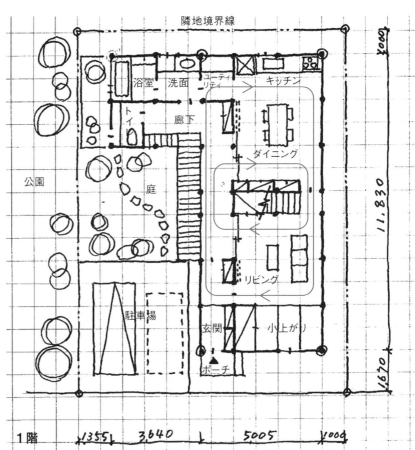

1階

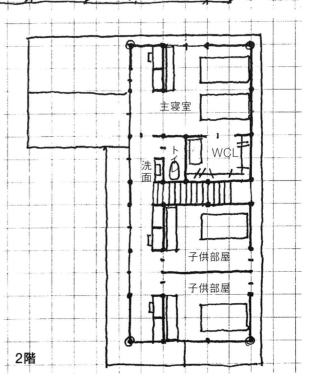

2階

プランニングの特徴

- 1階は、大きな1部屋を家具や引き戸で仕切る構成。

- 回遊できるため、生活パターンが1通りではなく、生活に変化が生まれる。

- A、B、C案の中で最も面積が大きく、子供部屋をはじめから2部屋確保することができる。

- 廊下接続型でもあるため、伝統的な日本建築のイメージをつくりやすいが、洋風のイメージにすることもできる。

外観イメージ ❶
（伝統的な日本建築のイメージ）

同じ案でも、外観を
何パターンか考える
こともあります。

外観イメージ ❷
（洋風な建物のイメージ）

内観イメージ

2. 模型をつくって確かめる

(1) ボリュームやデザインを確かめる

建物の外観をイメージしながらプランを考えても、実際に建物が完成すると、イメージとはかけ離れたものになることも多いようです。

ある程度の段階で模型をつくり、建物のボリュームやデザインを確認しましょう！

(2) スタディ模型の目的

プランニングを検討する時点でつくる模型は、外観のイメージを完成させるもので、一度つくった模型に切り込みを入れたり書き込んだりして、最終的なデザインを検討します。

異なるイメージでいくつかつくることもあります。

内部もつくって間取りの確認をする場合もある。

きれいにつくるよりも、ざっくり手早くつくることが重要！

外観のイメージ

a. 模型の縮尺

一般的な規模の住宅の場合、縮尺 1/100 程度でつくることが多い。

規模が大きい場合には、縮尺 1/200 でつくることもある。

b. 模型の色

模型に色をつけると、建築主が色の先入観で建物をイメージしてしまい、プランの説明や今後の展開に影響することがあるため、白色や単色、単素材でつくることが多い。

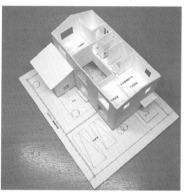

2 階のイメージ

c. 模型の材料

スチレンボードの厚み 1mm、2mm、3mm など

・縮尺に応じて厚みを選ぶ。

・ダンボールやバルサ（木材）などを使うこともある。

右の模型の縮尺と材料

・縮尺：1/100

・材料：スチレンボード 1mm

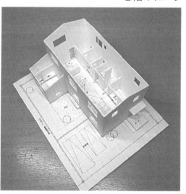

1 階のイメージ

STEP UP↗ 模型をつくらず CG で説明することも！

CADを用いて図面を作成すると、自動的にCGができるソフトがあります。CG専用のソフトも多くあり、外観のイメージや室内の様子をリアルに描き出します。また、実際に室内を歩いているような動画を作成できるものもあります。最近は建築主への説明をCGのみで行うことも多いようですが、プランを検討する際には、模型をつくって、建物のデザインや間取り、使いやすさなどの確認をしたいものです。

STEP UP↗ イラスト（パース）の描き方には法則がある！

自分の考えた建物を人に伝える方法は、平面図、立面図、断面図などの2次元情報の図面と、3次元を表した絵のアクソメとパースがあります。

アクソメとパース

空間のイメージを3次元で伝える手段としてよく使われる手法です。

a. アクソメ（アクソノメトリック）：平行投影図。遠くにあるものも長さを変えずに描く手法。建築では一般的に、平面図を傾けて置き、垂直に高さを立ち上げるように描く。全体をまんべんなく見せることができる。

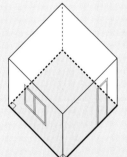

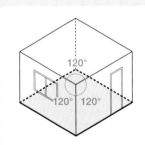

アイソメ（アイソメトリック）

アクソメの一種。
幅、奥行き、高さが交差する3辺の角度を120度として描く手法。

b. パース（パースペクティブ）：遠くのものを小さく、近くのものを大きく描く手法。消失点がある。

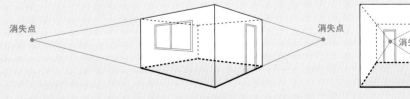

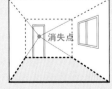

2点透視図
幅方向と奥行き方向に消失点がある。
（人の視点に近い）

1点透視図
奥行き方向に消失点がある。
（奥行きのある空間表現になる）

3. 完成図面を見てみよう

Plan_Aを図面にすると以下のようになります。(寸法線は省略)

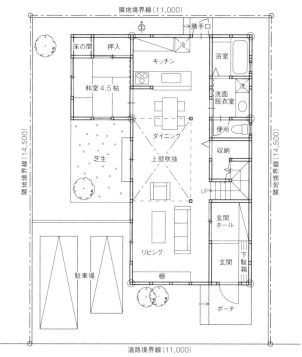

配置図兼1階平面図

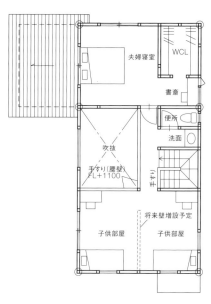

2階平面図

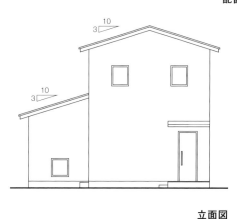

立面図

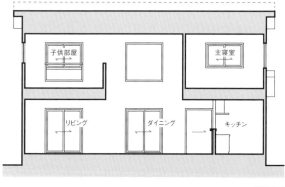

断面図

STEP
UP→ 別冊で図面の描き方を学びましょう!

別冊『住まいの建築設計製図』では、これらの図面の描き方を、順を追って説明しています。
グレーで描かれた図面をダウンロードできますので、ぜひ図面をなぞりながら描いてみましょう!
製図道具も不要です!(上記図面の他、構造図の描き方についても解説しています)

3章 プランニングをするときに 確認すること

1 法規は誰のため? 何のため?

第一種低層住居専用地域

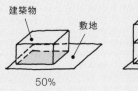
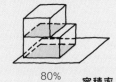

建築物
敷地
50%
80%
容積率

近隣商業地域

用途地域

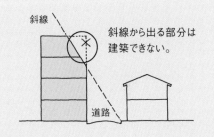

斜線
斜線から出る部分は
建築できない。
道路

道路斜線

2 建築費用を求める

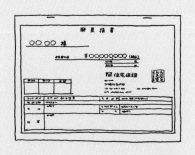

見積書

建築基準法は、人々が安全で健康に過ごすことができる
ように、敷地や建物に求められる基準です。

ここでは、住宅を設計するときに、
最低限知っておきたい建築基準法を取り上げました。

・災害時に通れる道が少ないと救助に支障が！
・住宅地に大きな工場ができたら大変！
・敷地いっぱいに建物が建ち並び、風通しが
　悪くなったら健康を害するかも！
・窓がほとんどない部屋で、健康に過ごせる？

↓　建築基準法の基準を満たした上で、
　健康で楽しく過ごせる建物（住宅）にしたいものです。

1. 敷地についての基準

（1）道路と地域環境

① 前面道路の幅員　　　　　　　　　　　　　　　　　　　　　［法42条］

建物を建てる場合の、敷地に接する道の最低限の道幅が定められています。
　　　　　　　　　　（前面道路）　　　　（幅員）

| 前面道路の幅員：4m 以上 |

法42条1項道路

敷地　道路　敷地
4m以上

車がすれ違うのに必要な最低の幅で、緊急車両（消防車、救急車など）が通れる幅ということ！

1. 幅員が４m未満の場合

将来的に、周囲も含めて前面道路の幅員を４mにするため、道路中心線から２mの位置が、道路境界線とみなされる。

あまりに細い道に面した敷地の場合、思ったようなボリュームの建物が建てられないということ！

増改築を行う際にも適用されるため、建物の規模を縮小しなければならない場合があります。
「うちは前の道路が狭いから、増改築もできないのよ〜」と耳にするのは、このため！
建てた当時はよくても、今はダメということ！

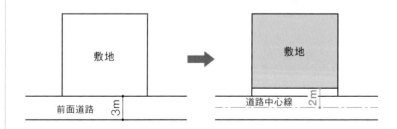

敷地　　　　→　　　敷地
前面道路 3m　　　道路中心線 2m

2. 奥まった敷地（旗竿地<ruby>旗竿地<rt>はたざおち</rt></ruby>）の場合

4m の前面道路に、2m 以上接していなければならない。

奥まった土地は価格がかなり安い場合が多いですが、前面道路に2m 以上接していなければ、建物は建てられません。

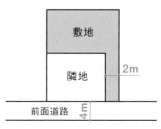

敷地　隣地　2m
前面道路 4m

② 用途地域　　　　　　　　　　　　　　　　　　　　　　　　［法48条］　別表2

都市計画区域内では、住環境を保全し、商業や工業などの利便性を損なわないように、その地域に建築できる用途や規模が定められています。

その他、田園住居地域、商業地域、準工業地域、工業地域などがある。

a. 第一種低層住居専用地域

低層住宅のための地域。
・小規模な店舗や事務所を兼ねた住宅
・小中学校

b. 第二種低層住居専用地域

主に低層住宅のための地域。
・150m²までの一定の店舗など
・小中学校

c. 第一種中高層住居専用地域

中高層住宅のための地域。
・500m²までの一定の店舗など
・病院、大学

d. 第二種中高層住居専用地域

主に中高層住宅のための地域。
・1,500m²までの店舗、オフィスなど

e. 第一種住居地域

住居の環境を守るための地域。
・3,000m²までの店舗、事務所、ホテルなど

f. 第二種住居地域

主に住居の環境を守るための地域。
・店舗、事務所、ホテル、カラオケボックスなど

g. 準住居地域

道路の沿道で、自動車関連施設などの立地とこれに調和した住居の環境を保護するための地域。

h. 近隣商業地域

まわりの住民が日用品の買い物などをするための地域。
・住宅や店舗など
・小規模な工場も可

（2）建物のボリューム

① 床面積 ［令2条1項3号］

床面積は、壁などの中心線で囲まれた部分の水平投影面積をいいます。

1. 床面積の求め方

床面積の求め方は、以下の
2種類の方法がある。

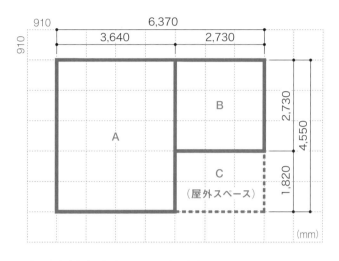

面積を求める際は、m単位で計算します。

a. 1つ1つのブロックを足す

$$床面積 = A + B = \underset{A}{\underline{3.64 \times 4.55}} + \underset{B}{\underline{2.73 \times 2.73}} = 24.014\cancel{9}$$

小数第3位を四捨五入します。

$$24.01m^2$$

b. 全体から不要な部分を引く

$$床面積 = 全体 - C = \underset{全体}{\underline{6.37 \times 4.55}} - \underset{C}{\underline{2.73 \times 1.82}} = 24.014\cancel{9}$$

答えは同じですね！

2. 床面積に含まれない部分

バルコニーやベランダは、手すりの中心線から2mまでの範囲。
2mを超える部分は、床面積に算入される！

a. 屋内の用途として使わない部分：ポーチ、ピロティ、屋外デッキ、テラス、バルコニー、ベランダなど。

b. 上階の吹抜部分：1階は床面積に算入するが、2階の吹抜部分は算入しない。
ただし、階段は1階、2階ともに、階段部分の床面積が算入される。

② 延べ面積 ［令2条1項4号］

延べ面積は、各階の床面積の合計をいいます。　容積率を求める場合の延べ面積はp.125参照。

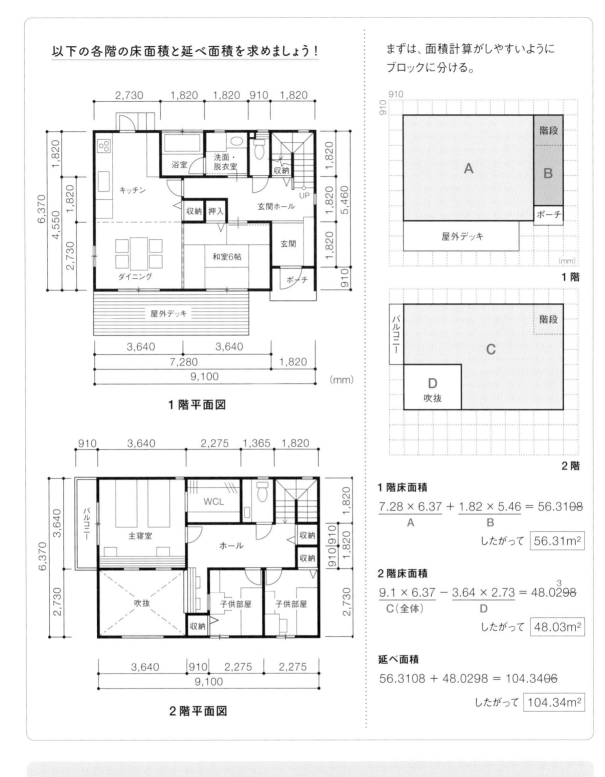

以下の各階の床面積と延べ面積を求めましょう！

1階平面図

2階平面図

まずは、面積計算がしやすいように
ブロックに分ける。

1階

2階

1階床面積

$$\underset{A}{7.28 \times 6.37} + \underset{B}{1.82 \times 5.46} = 56.31\cancel{08}$$

したがって $\boxed{56.31 \text{m}^2}$

2階床面積

$$\underset{C（全体）}{9.1 \times 6.37} - \underset{D}{3.64 \times 2.73} = 48.02\overset{3}{\cancel{98}}$$

したがって $\boxed{48.03 \text{m}^2}$

延べ面積

$$56.3108 + 48.0298 = 104.34\cancel{06}$$

したがって $\boxed{104.34 \text{m}^2}$

STEP UP 寸法線は何のため？

寸法線は、**各部屋の大きさと各階の床面積、延べ面積を求めるために必要な情報**です。
それぞれの大きさが一目見てわかるように、寸法線を描きましょう！

③ 容積率 ［法 52 条］

容積率は、敷地面積に対して、各階の床面積の合計（延べ面積）が、何パーセントまでなら建築してもよいかを定めたものです。
用途地域や前面道路の幅員により、容積率の値が異なります。

STEP UP 容積率は何のため?

高層の建物が建つと、圧迫感や周辺の住環境に悪影響を及ぼすことになる。

↓

狭い敷地に高層の建物が建つのを防ぐため。

1. 容積率のイメージ

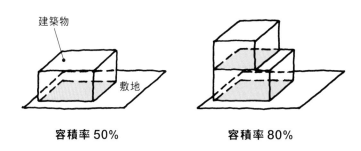

建築物

敷地

容積率 50%　　　**容積率 80%**

2. 容積率の求め方

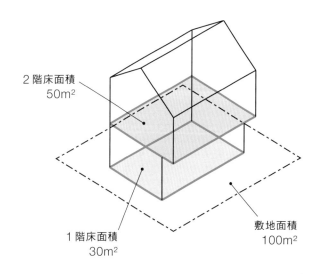

2 階床面積 50m²

1 階床面積 30m²

敷地面積 100m²

延べ面積 ： 30 ＋ 50 ＝ 80m²
敷地面積 ： 100m²

$$容積率 = \frac{延べ面積}{敷地面積}$$

$$= \frac{80}{100} \times 100 = 80\%$$

したがって、
この建物の容積率は、 80%

容積率を求める場合に限り、延べ面積に含まれないもの

a. 駐車場（建物に付属している駐車場）

延べ面積の合計の 1/5 を限度として算入しない。

b. エレベーターの昇降路

各階ともに算入しない。

c. 地階

地階の天井の高さが地盤面より 1 m 以下の場合は、
床面積の合計の 1/3 を限度として算入しない。

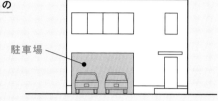

駐車場

エレベーターの昇降路

2 階

EV　1 階

3. 容積率の種類

a. 都市計画によって定められた容積率

b. 前面道路の幅員による容積率

いずれか厳しい方の制限に従う。

a. 都市計画によって定められた容積率

容積率の一例（地域ごとに定められている）

第一種、第二種低層住居専用地域	50%、60%、80% など
第一種、第二種中高層住居専用地域 第一種、第二種住居地域 など	100%、150%、200% など

b. 前面道路の幅員による容積率

前面道路が 12 m 以下の場合に適用される。

容積率の一例（前面道路の幅員から求める）

第一種、第二種低層住居専用地域	前面道路の幅員 × 4/10
第一種、第二種中高層住居専用地域 第一種、第二種住居地域	前面道路の幅員 × 4/10 （6/10 の区域もある）

敷地が複数の道路
に面している場合
は、**最も大きい道路
の幅員！**

下図 a、b それぞれの敷地の容積率を求めましょう！

- ・第一種住居地域
- ・都市計画によって定められた容積率：200%
- ・前面道路の幅員による容積率：前面道路の幅員 × $\dfrac{4}{10}$

容積率を求める手順

❶ **都市計画によって定められた容積率**を確認する。

❷ **前面道路の幅員による容積率**を求める。

いずれか**厳しい方**が、その土地の容積率になる。

a. 前面道路の幅員が 4m の場合

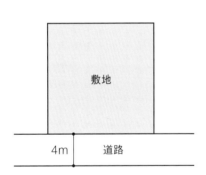

❶ 都市計画によって定められた容積率 ➡ 200%

❷ 前面道路の幅員による容積率

前面道路の幅員 ── ④ × $\dfrac{4}{10}$ = $\dfrac{16}{10}$ ➡ 160%

比べると？

❶ 200% ＞ ❷ 160%

したがって、この敷地の容積率は、160%

b. 2 以上の道路に接する敷地の場合

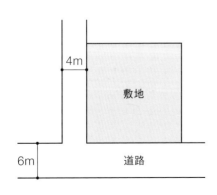

❶ 都市計画によって定められた容積率 ➡ 200%

❷ 前面道路の幅員による容積率

前面道路の幅員 ── ⑥ × $\dfrac{4}{10}$ = $\dfrac{24}{10}$ ➡ 240%
（幅員の大きい方）

比べると？

❶ 200% ＜ ❷ 240%

したがって、この敷地の容積率は、200%

④ 建ぺい率

［法 53 条］、

建ぺい率（建蔽率）は、敷地面積に対して、建物の水平投影面積（建築面積）が、何パーセントまでなら建築してもよいかを定めたものです。
用途地域により、建ぺい率の値は異なります。

> **STEP UP→ 建ぺい率は何のため？**
>
> ・日照や通風などを確保するため！
>
> ・火災時の延焼を防ぐため
>
> ・災害時に避難や救助活動を行ないやすくするため！

建ぺい率のイメージ

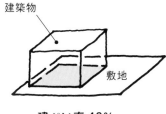

建築物

敷地

建ぺい率 40%

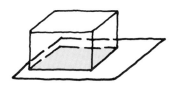

建ぺい率 50%

STEP UP→ 形の異なる 3 つの建物でも建築面積は同じ！

このように建物の形状が違っていても、建物を上から見た水平投影面積のため、建築面積は同じになります。

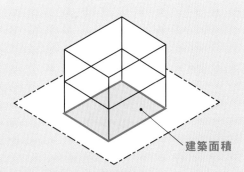

建築面積

a. 総 2 階建て

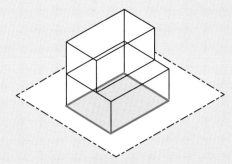

b. 2 階が小さい

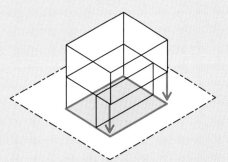

c. 2 階が大きい

1. 建ぺい率の求め方

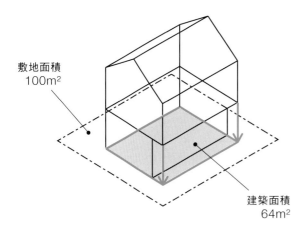

敷地面積
100m²

建築面積
64m²

建築面積： 64m²
敷地面積：100m²

$$建ぺい率 = \frac{延べ面積}{敷地面積}$$

$$= \frac{64}{100} \times 100 = 64\%$$

したがって、
この建物の建ぺい率は、64%

2. 建ぺい率の種類

都市計画によって定められた建ぺい率

建ぺい率の一例（地域ごとに定められている）

第一種、第二種低層住居専用地域 第一種、第二種中高層住居専用地域	30%、40%、50% など
第一種、第二種住居地域 など	50%、60%、80% など

建ぺい率は、前面道路の幅員は
関係しない！

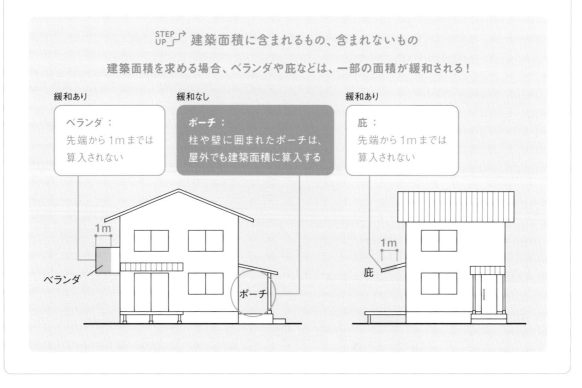

STEP UP　建築面積に含まれるもの、含まれないもの

建築面積を求める場合、ベランダや庇などは、一部の面積が緩和される！

緩和あり

ベランダ：
先端から1mまでは
算入されない

緩和なし

ポーチ：
柱や壁に囲まれたポーチは、
屋外でも建築面積に算入する

緩和あり

庇：
先端から1mまでは
算入されない

1m
ベランダ

ポーチ

1m
庇

④建ぺい率

以下の建物の建築面積と建ぺい率を求めましょう！

敷地面積は 100m² とします。

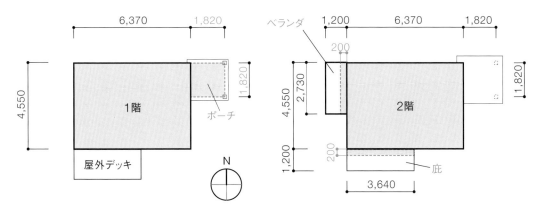

平面図

南立面図

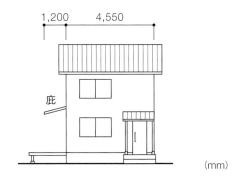

東立面図

(mm)

◎ 建築面積

a.1 階と 2 階が重なっている部分
6.37 × 4.55 = 28.9835

b. ポーチの部分
1.82 × 1.82 = 3.3124

c. ベランダの部分
2.73 × 0.2 = 0.546

d. 庇の部分
3.64 × 0.2 = 0.728

建築面積の合計は、
a + b + c + d = 33.5699

したがって、建築面積は、 33.57m²

◎ 建ぺい率

$$\frac{33.57}{100} \times 100 = 33.57$$

敷地面積

したがって、建率は、 34%

(3) 建物の高さ

① 高さ制限の種類

建物のボリュームは容積率や建ぺい率で抑えることができますが、各階の面積が小さい背の高い建物などは建てることができるということになってしまいます。

そこで、住環境を保全し、道路から見たときの圧迫感を抑えるために、高さの制限も設けられています。

1. 絶対高さ ［法55条］

その他、天空率や日影規制などがある。

低層住居専用地域は、住環境の保全のために、建物の最高高さが決められている。

a. 適用地域

・第一種低層住居専用地域
・第二種低層住居専用地域
・田園住居地域

b. 建築物の高さ

10m または 12m 以内
都市計画でどちらかに指定されている。

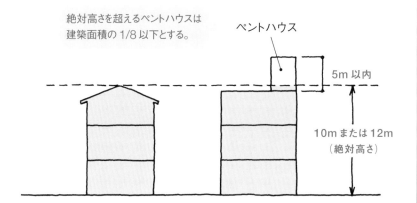

絶対高さを超えるペントハウスは建築面積の 1/8 以下とする。

ペントハウス

5m 以内

10m または 12m（絶対高さ）

2. 斜線制限 ［法56条］

建物の高さを規制することで、日照や通風をよくして地域環境の保全を図るもの。
道路斜線、隣地斜線、北側斜線の3種類がある。

ビルが建ち並ぶ地域では、道路から見たときの圧迫感を抑える効果もあります!

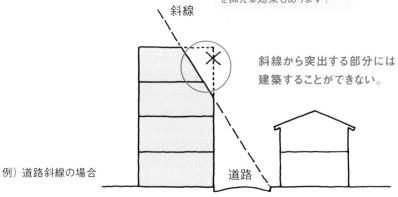

斜線

斜線から突出する部分には建築することができない。

例）道路斜線の場合

道路

② 道路斜線 [法56条1項1号] 法別表3

道路から見たときの圧迫感を抑えるために、以下の計算式により、建物がはみ出てはならない斜線が定められています。ただし、斜線は適用距離までで、それを超えると高さの制限はなくなります。

> 前面道路の反対側の境界線からの距離 × 勾配

道路斜線の一例（地域ごとに定められている）

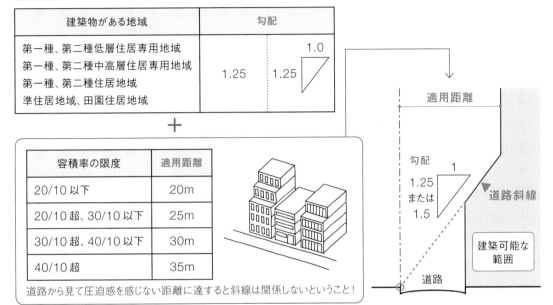

建築物がある地域	勾配	
第一種、第二種低層住居専用地域 第一種、第二種中高層住居専用地域 第一種、第二種住居地域 準住居地域、田園住居地域	1.25	1.25

+

容積率の限度	適用距離
20/10 以下	20m
20/10 超、30/10 以下	25m
30/10 超、40/10 以下	30m
40/10 超	35m

道路から見て圧迫感を感じない距離に達すると斜線は関係しないということ！

a. 建物を道路から後退させて建てる場合

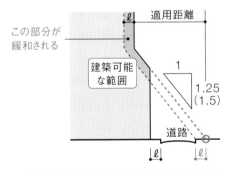

この部分が緩和される

道路から後退した距離を、道路の反対側にプラスして斜線を引くことができる。

本来の道路斜線では、斜線から屋根がはみ出しているが、壁面を道路境界線から後退させることで、斜線の範囲内となる。

道路側にバルコニーなどがある場合は、バルコニーの外壁面までが後退距離になる。

b. 道路の反対側に公園などがある場合

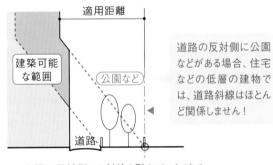

道路の反対側に公園などがある場合、住宅などの低層の建物では、道路斜線はほとんど関係しません！

公園の反対側から斜線を引くことができる。

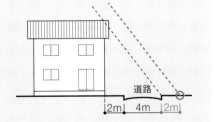

③ 隣地斜線　　　　　　　　　　　　　　　　　　　［法56条1項2号］

隣地の日照や通風を確保するために、以下の表により、
建物がはみ出てはならない斜線が定められています。

隣地斜線の一例（地域ごとに定められている）

建築物がある地域	隣地斜線制限
第一種、第二種中高層住居専用地域	$20 + \dfrac{1.25}{1}$
第一種、第二種住居地域　準住居地域	

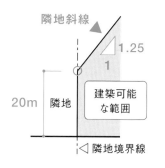

隣地が公園や水面に接している場合

その幅の 1/2 だけ外側から斜線を引くことができる。

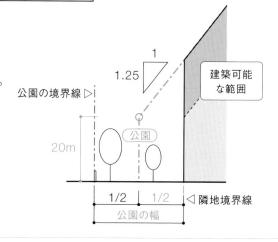

隣地斜線による A 点の高さを求める

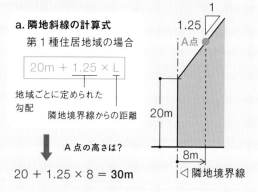

a. 隣地斜線の計算式

第1種住居地域の場合

$$20m + 1.25 \times L$$

地域ごとに定められた勾配

隣地境界線からの距離

↓

A点の高さは?

$$20 + 1.25 \times 8 = 30m$$

b. 道路斜線の計算式（前ページ参照）

第1種住居地域の場合

$$1.25 \times L$$　（適用距離までの範囲）

c. 北側斜線の計算式（次ページ参照）

第1種低層住居専用地域の場合

$$5m + 1.25 \times L$$

STEP UP ⌇ **戸建て住宅の場合、隣地斜線はほとんど関係しない!**

一般的な2階建て住宅の場合、高さが10mを超えることはないため、隣地斜線は関係しない! ただし、隣地が低くて高低差が大きい場合には、注意が必要!

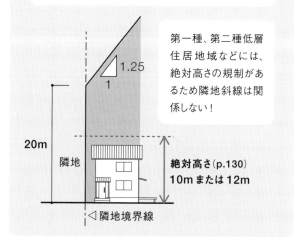

第一種、第二種低層住居地域などには、絶対高さの規制があるため隣地斜線は関係しない!

④ 北側斜線　　　　　　　　　　　　　　　　［法56条1項3号］

北側にある隣地の日照や通風を確保するために、以下の
表により、建物がはみ出てはならない斜線が定められてい
ます。

北側斜線は、以下の地域のみに適用される。

建築物がある地域	北側斜線制限
第一種、第二種低層住居専用地域 田園住居地域	$5m + \dfrac{1.25}{1}$
第一種、第二種中高層住居専用地域	$10m + \dfrac{1.25}{1}$

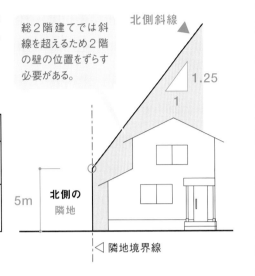

総2階建てでは斜
線を超えるため2階
の壁の位置をずらす
必要がある。

北側に道路がある場合

道路の反対側から斜線を引くことができる。

例）第一種低層住居専用地域の場合

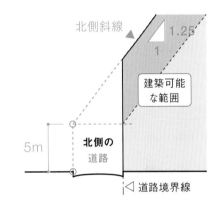

低層住居専用地域でペントハウスがある場合

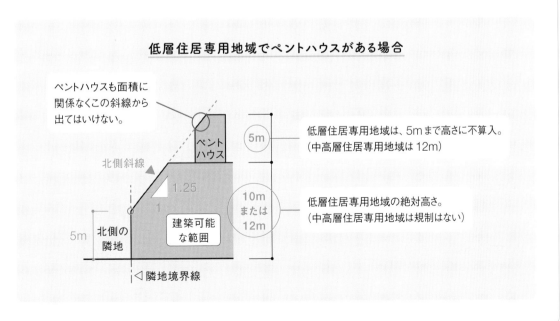

ペントハウスも面積に
関係なくこの斜線から
出てはいけない。

低層住居専用地域は、5mまで高さに不算入。
（中高層住居専用地域は12m）

低層住居専用地域の絶対高さ。
（中高層住居専用地域は規制はない）

2. 室内環境についての基準

(1) 居室 ［法2条4号］

人が一定時間滞在する室を「居室」といいます。
居室には、健康に過ごすために採光や換気などの基準が定められています。

a. 住宅の居室

ダイニング、リビング、寝室、書斎、子供部屋、
客間など

b. 住宅の居室以外の室

玄関、廊下、洗面所、浴室、トイレなど

(2) 採光

照明設備で部屋を明るくすることはできますが、健康を保つためには、日光が入る明るい部屋で過ごすことが求められます。

① 必要採光面積 ［法28条1項］［令19条2項・3項］

居室の窓は、床面積に対して必要な面積の割合が定められています。
割合は、居室の用途によって異なります。

$$\boxed{必要採光面積 = 居室の床面積 \times 割合}$$

最低限必要な開口部の面積

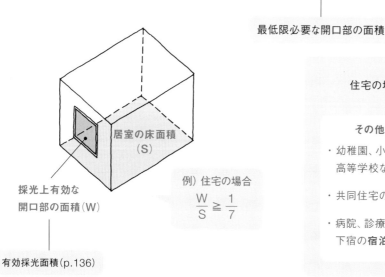

採光上有効な
開口部の面積(W)

居室の床面積
(S)

例) 住宅の場合
$$\frac{W}{S} \geqq \frac{1}{7}$$

有効採光面積(p.136)

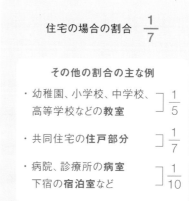

住宅の場合の割合 $\frac{1}{7}$

その他の割合の主な例

・幼稚園、小学校、中学校、
高等学校などの**教室** $\Big]\frac{1}{5}$

・共同住宅の**住戸部分** $\Big]\frac{1}{7}$

・病院、診療所の**病室**
下宿の**宿泊室**など $\Big]\frac{1}{10}$

採光面積の特例

1. 2室を1室とみなすことができる居室

ふすまや障子などの随時開放できるもので仕切られた2室は、1室とみなすことができる。

開口部の採光面積（W）

$$W \geqq (S_1 + S_2) \times 定められた割合$$

居室の面積の合計

2室を1室とみなせない例

開口部　　　　開口部　　開口部

2. 外側に縁側などがある場合

外側に900mm以上の縁側（ぬれ縁は除く）などがある開口部の場合、**開口部の採光面積（W）の7/10**が有効とみなされる。

$$W \times \frac{7}{10} \geqq S \times 定められた割合$$

居室の面積

居室（S）

開口部の採光面積（W）

900mm以上　　　縁側

3. 天窓（トップライト）がある場合

天窓の採光面積（W）の3倍の面積があるものとみなされる。

$$W \times 3 \geqq S \times 定められた割合$$

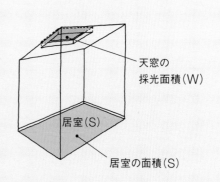

天窓の採光面積（W）

居室（S）

居室の面積（S）

② 有効採光面積　　　　　　　　　　　　　　　　　　　　　　［令20条2項］

窓を設けても日光がほとんど入らなければ、健康を害するおそれがあります。
ここでは、窓の位置によって、その窓にどれだけ日光が入るのかを調べます。

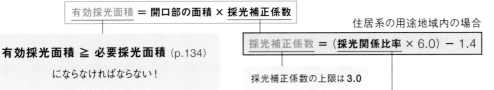

有効採光面積 ＝ 開口部の面積 × 採光補正係数

有効採光面積 ≧ 必要採光面積 (p.134)

にならなければならない！

住居系の用途地域内の場合

採光補正係数 ＝（採光関係比率 × 6.0）− 1.4

採光補正係数の上限は **3.0**

採光関係比率は、右の式によって求められる。

採光関係比率 ＝ D／H

a. 前面に隣家などがある場合　　**b. 前面に道路がある場合**

開口部の中心

隣地　　　　　　　　　道路

◁ 隣地境界線　　　　　　◁ 道路境界線

D：隣地境界線から、開口部の直上部分にある屋根や庇までの距離

道路や公園がある、1階と2階で壁の位置がずれている場合などで異なる。

H：最上階の屋根の先端から、各階の開口部の中心までの距離

下階になるほどHの距離が長くなり、採光関係比率の値が小さくなる。

隣地境界に面した2階建ての1階の居室は、採光面積に注意が必要！

1階と2階は同じ窓なのに

窓を増やす、大きくする、位置を変えるなどの検討が必要です！

採光面積 OK
居室

採光面積が足りない！
居室

◁ 隣地境界線

（3）換気

部屋によって換気の目的は異なります。どの部屋でも新鮮な空気の中で過ごしたいものです。

① 換気の目的と種類

換気には、新鮮な空気を取り入れるためだけでなく、排ガスや臭気を排出する役割もあります。

1. 換気の目的

a. 新鮮な空気を取り入れる

b. 調理器具などからの排ガスを排出する

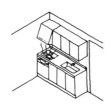

c. 有害な化学物質などを排出する

シックハウス対策など

d. 臭気、湿気などを排出する

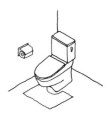

①換気の目的と種類

2. 換気の種類

a. 新鮮な空気を取り入れる　　b. 換気設備による換気（説明は省略）

---

② 自然換気　　　　　　　　　　　　　　　　　　　　　　　［法28条2項］

用途にかかわらず、居室には床面積の1/20以上の
面積をもつ、換気に有効な開口部（窓など）を設けな
ければなりません。

$$必要換気面積 = 居室の床面積 \times \frac{1}{20}$$

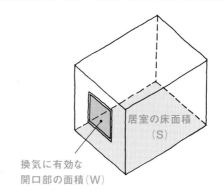

$$\frac{W}{S} \geqq \frac{1}{20}$$

換気に有効な
開口部の面積（W）

居室の床面積
（S）

1. 換気に有効な部分

開口部のうち直接外気に開放できる部分のみを算入するため、引き違い窓やはめ殺し窓の場合は、
換気に有効な部分は以下の値となる。

a. 引き違い窓

有効な開口部の面積

有効な部分は「 1/2 」のみ

b. はめ殺し窓（FIX窓）

開放できないので、有効な部分は「 0 」

2. ふすまなどで仕切られた2室の場合

ふすまなどで仕切られている場合は、必要換気面積が足りていれば、
2室を1室とみなすことができる。

窓のうち換気に有効な部分の面積

W ＝ 窓W₁と窓W₂の換気に有効な部分の合計

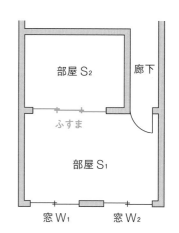

部屋 S₂　　廊下

ふすま

部屋 S₁

窓 W₁　　窓 W₂

2部屋の面積の合計

S ＝ 部屋 S₁ ＋ 部屋 S₂

W₁、W₂ともに引き違い窓なので有効
な部分の面積は次のように計算する。

$$(W_1 + W_2) \times \frac{1}{2}$$

$$W \geqq S \times \frac{1}{20}$$ ならば、部屋 S₂ も居室とすることができる。

3. 延焼についての基準

(1) 法22条区域

[法22条][法23条]

建築基準法22条で定められた、
延焼を防がなければならない区域をいいます。

建物が密集する地域などでは、**防火地域**や**準防火地域**なども定められており、それらの地域には、より厳しい基準が定められています。

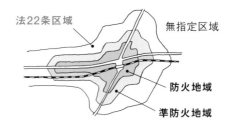

① 法22条区域の建築制限

周辺の火災による火の粉で建物が延焼するのを防ぐために、屋根と外壁に設けられた制限をいいます。

1. 屋根の規制

屋根の不燃化
屋根は不燃材料の瓦やスレート、金属などで葺く。

2. 木造建築物の外壁の制限

外壁で<u>延焼のおそれのある部分</u>は、準耐火性能（次ページ参照）を有する構造にする。

② 延焼のおそれのある部分

隣地境界線、道路中心線から以下の範囲の建物の部分をいいます。火は上に向かって燃え広がるため、1階よりも2階の方が広範囲になります。

隣接する建物に火災が発生したときに**燃え移る可能性が高い部分**。

隣地境界線からの距離

| 1階 | ：3m以下 |
| 2階以上 | ：5m以下 |

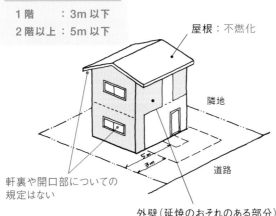

屋根：不燃化
隣地
軒裏や開口部についての規定はない
外壁（延焼のおそれのある部分）：準防火性能
道路

▭ ：延焼のおそれのある部分

防火上有効な公園や広場、川、耐火構造の壁がある場合などには、規制を受けない。

③ 準耐火性能

法22条区域内の建物の外壁に求められる性能をいいます。

防火構造は、より厳しい防火地域などで、規模の小さい住宅などの外壁に求められる性能のため、法22条区域で用いれば当然問題ないということ！

土塗真壁造なども、準耐火性能の壁に含まれる。

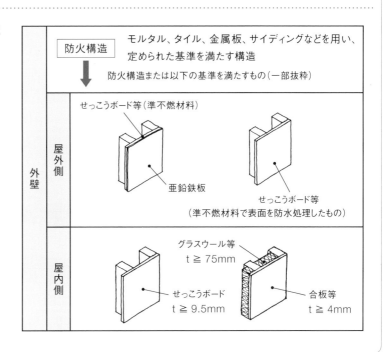

外壁		
	防火構造	モルタル、タイル、金属板、サイディングなどを用い、定められた基準を満たす構造
	防火構造または以下の基準を満たすもの（一部抜粋）	

屋外側
せっこうボード等（準不燃材料）
亜鉛鉄板
せっこうボード等
（準不燃材料で表面を防水処理したもの）

屋内側
グラスウール等 t ≧ 75mm
せっこうボード t ≧ 9.5mm
合板等 t ≧ 4mm

防火地域と準防火地域には、より厳しい基準が設けられている！

壁や屋根の構造		開口部
耐火構造 準耐火構造 など	＋	延焼のおそれのある部分に防火戸を設ける

法22条区域には開口部の規定はないが、防火地域や準防火地域にはあるということ！

防火戸の主なもの

a. 鉄製防火戸

鉄製ドア

鉄板の厚さ：0.8mm 以上 1.5mm 未満

スチールシャッターも含まれる

b. 網入鉄製防火戸

鉄製ドア（網入ガラス入り）

スチールサッシュ（網入ガラス入り）

c. 防火塗料を塗布した木製骨組戸

木製骨組戸

屋内面：・厚さ1.2cm 以上の木毛セメント板
　　　　・0.9cm 以上のせっこうボード張り

屋外面：亜鉛鉄板張り　など

4. 耐力壁についての基準

地震の揺れや台風の風圧力で建物が崩壊しないように、建物に対して
どれだけ耐力壁があるのかを確認します。

・階数が 2 以上 ——————
・延べ面積が 50m² を超えるもの ——————
いずれかの木造建築物は
壁量計算が必要!

(1) 壁量計算 [令 46 条 4 項]

① 計算の手順

設計したプランが、必要壁量を満たしているかを、❶〜❸の手順で確認します。

各階ごとに、張り間
方向と桁行方向を
別々に確認する。

❶ 必要壁量を求める（建物の規模に対して、最低限必要な耐力壁の量（長さ））

地震力に対して
1 階、張り間方向の場合

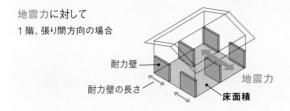

耐力壁
耐力壁の長さ
地震力
床面積

必要壁量：床面積 × 表2（次ページ）

屋根の材料などによって
定められた値

どちらか大きい方
必要壁量

「③見付面積の求め方」（次ページ）

風圧力に対して
1 階、張り間方向の場合

風圧力
見付面積

必要壁量：見付面積 × 表3（次ページ）

区域によって定められた値

❷ 設計壁量を求める（実際に配置されている耐力壁の量（長さ））

1 階、張り間方向の場合

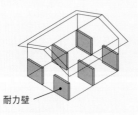

耐力壁

張り間方向にある耐力壁の種類を調べる

↓

それぞれの耐力壁の倍率を調べる（表1）
（次ページ）

↓

各耐力壁の壁長（全長）×倍率（表1）
各耐力壁の壁長（全長）×倍率（表1）
⋮
合計
＝
設計壁量

軸組の種類によって倍率が異なり、
実際の耐力壁の量（長さ）よりも多く
あるとみなすことができる。

❸ 必要壁量と設計壁量の値を比較する。

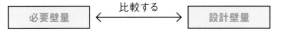

必要壁量 ⟷ 比較する ⟷ 設計壁量

必要壁量 ≦ 設計壁量 …… 安全
必要壁量 ＞ 設計壁量 …… 壁量が足りない

② 壁量計算に用いる表（一部抜粋）

①の壁量計算に用いる表です。実際に使用する筋かいの種類や屋根の材質などを確認し、下表からそれらに適合する値を用います。

【表1】軸組の種類とその倍率

a. 筋かいの場合

軸組の種類	木材の筋かい	
	3×9cm 以上	4.5×9cm 以上
倍率	1.5	2
	たすき掛けの場合は上記の数値の2倍（上限は5）	

b. 板材の場合

材料	構造用パネル	構造用合板
厚さ	9mm 以上	5mm 以上 屋外壁に使用する場合は 7.5mm 以上
		構造用合板に打ち付ける釘の種類や間隔も決められている。
倍率	3.7	2.5

組み合わせて用いる場合は、それぞれの倍率を加算する。ただし、上限は5まで。

例) 筋かい(3×9 片側) + 構造用合板 = 1.5 + 2.5 = 4　⇒　4倍
　　筋かい(3×9 両側) + 構造用合板 = 3 + 2.5 = 5.5　⇒　5倍

【表2】

屋根等の構造 ＼ 建築物の階数	平家建ての建築物	2階建ての建築物	
		1階	2階
土蔵造などの壁の重量が重い建築物 瓦葺きなどの重い屋根	15	33	21
金属板、スレート葺きなどの軽い屋根	11	29	15

(cm/m²)

【表3】

	見付面積に乗ずる数値
一般の区域	50

(cm/m²)

③ 見付面積の求め方

台風などの強い風が建物に吹き付ける場合を想定して、各階に必要な耐力壁の量を求めるための面積です。

計算方法

・1階、2階ともに、フロアラインから1.35m上がったところから上の部分の面積を求める。
・Ⓐ、Ⓑなどのように、ブロックに分けて計算する。

a. 1階の見付面積

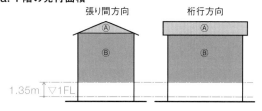

b. 2階の見付面積

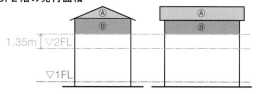

4. 耐力壁についての基準

（2）耐力壁の配置 ［平12建告1352号］

（1）の壁量計算で壁量が足りていても、耐力壁の位置が偏っていると、地震の揺れなどで建物が崩壊するおそれがあります。耐力壁はバランスよく配置しなければなりません。

どのように配置すればバランスがいいの？

両側から1/4の範囲内にあるそれぞれの耐力壁の量（存在壁量という）が、ある程度同じになるように配置する。

 計算方法は？

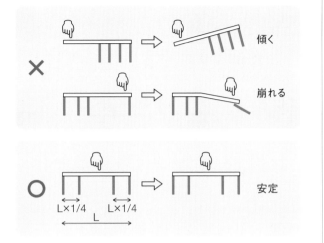

傾く

崩れる

安定

L×1/4　L×1/4
L

1/4の範囲でも、求め方は（1）壁量計算と同じ。

存在壁量 ➡ 設計壁量と同じ求め方
必要壁量 ➡ 必要壁量と同じ求め方

各階ごとに、張り間方向と桁行方向を別々に確認する。

地震力のみで、**風圧力は検討しない。**

張り間方向の壁量計算に有効な範囲の例

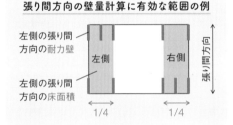

左側の張り間方向の耐力壁

左側の張り間方向の床面積

左側　右側

張り間方向

1/4　1/4

左 側
左側の壁量が、左側の床面積に対して足りているかを確認する
存在壁量　必要壁量
↓
壁量充足率
存在壁量 / 必要壁量

右 側
右側の壁量が、右側の床面積に対して足りているかを確認する
存在壁量　必要壁量
↓
壁量充足率
存在壁量 / 必要壁量

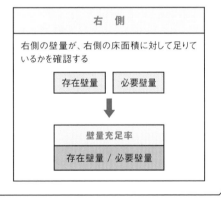

左右それぞれの壁量充足率が1を超える場合

OK

左右いずれかの壁量充足率が1を超えない場合

壁率比
壁量充足率の小さい方 / 壁量充足率の大きい方

↓

壁率比0.5以上の場合　OK

2 建築費用を求める

建築主にとって、建築費用はとても重要な問題です。
せっかく素敵なプランが仕上がっても、予算をかなりオーバーしていては話になりません。
それでもどうしても譲れないところや、少し安価な材料を使ってもよいところなどを見極め、金額の調整を行いましょう。

1. 建築費用はいつ求めるの?

(1) 設計事務所の場合の流れ

設計事務所の場合は、どのタイミングで見積りをするのかを見てみましょう。

1. 建築主から設計依頼を受ける。

　　プランの要望や予算を確認する。

2. プランを検討する。

3. プランの見積りをする。

　　この時点では、概算見積りの場合が多い。

4. 予算に応じて、仕様などを再検討する。

　・室内のドアや玄関扉などのグレードを下げる。
　・システムキッチンやシステムバスなどのグレードを下げる。
　・外壁のグレードを下げる。　　など

5. 建築主に、プランと見積り金額を提示する。

　　プランが決定!

6. 本見積りをする。

　　部材を1つ1つ拾い出し、正確な金額を算出する。

7. コストの最終調整をする。

8. 建築主に、プランと見積り金額の最終確認をする。

9. 工事契約!

見積書

再検討

概算見積りでは、予算をオーバーすることが多いようです。そこで、予算に合うように、もう一度プランを見直します。
しかし素敵なプランであれば、予算オーバーを受け入れてもらえる場合もあります。
そのためには、しっかりと説明できることが重要です。

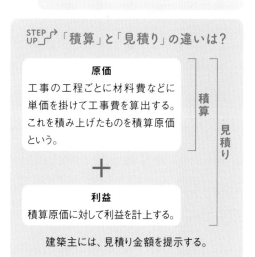

STEP UP 「積算」と「見積り」の違いは?

原価
工事の工程ごとに材料費などに単価を掛けて工事費を算出する。これを積み上げたものを積算原価という。

＋

利益
積算原価に対して利益を計上する。

建築主には、見積り金額を提示する。

(2) 積算の構成と求め方

積算はどのように構成されているのか、どのような求め方があるのかを見てみましょう。

1. 積算の構成

建物を建てる際には、さまざまな工事が行われ、それぞれに工事費(材料費や加工費、人件費など)がかかる。
積算は、工事ごとに工事費を求めて合算したものをいう。

- ・仮設工事費
- ・基礎工事費
- ・軸部工事費
- ・屋根工事費
- ・外壁工事費
- ・内壁工事費
- ・床工事費
- ・天井工事費
- ・開口部工事費(金属製建具、木製建具)
- ・造作工事費
- ・樋工事費
- ・塗装工事費
- ・建築設備工事費　　など

STEP
UP 積算の知識はなぜ必要?

CAD で図面を描くと、自動的に積算ができるソフトもあります。
しかし、ある程度の積算の知識を持つことで、コストの削減を効率的に行う力が身につきます。
また、施工会社の提示する金額が適正価格かどうかの判断もできるようになるでしょう。

例) システムキッチンを設置する場合、
システムキッチンの原価と取付費用が必要!

2. 積算の求め方

積算には、2通りの求め方がある。

a. 延べ面積や床面積、外壁の面積などから、概算工事費を算出する。

b. 部材を1つ1つ拾い出し、正確に工事費を算出する。

a. の概算工事費の一部を、
実際に求めてみましょう!

建材や設備機器の価格や工事費が掲載されている書籍が販売されており、自身で積算をする場合には欠かせない資料になります。
本書に記載している単価なども、こうした書籍から抜粋したものです。

2. 工事費を求める

(1) 建物の図面と仕様

以下の木造平屋建ての建物について、工事費を求めてみましょう。
ここでは、前ページの **a. 概算工事費**（一部）について求めます。

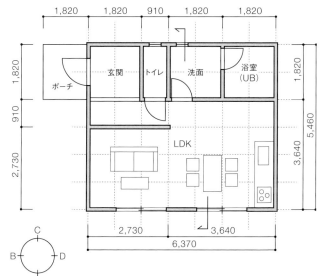

木造平屋建て

・**床面積**（延べ面積）

$6.37 \times 5.46 = 34.78 \text{m}^2$

・**外壁と屋根の仕様**

外壁 ： 窯業系サイディング張り t = 14mm
屋根 ： 化粧スレート

・**内装の仕様**

床 ： フローリング張り（LDK・トイレ）
　　　クッションフロア張り（洗面所）
壁 ： ビニールクロス貼り
天井 ： ビニールクロス貼り

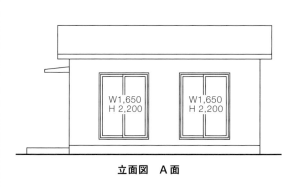

立面図　A面

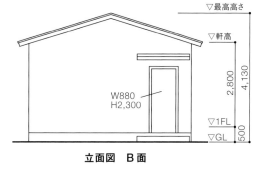

立面図　B面

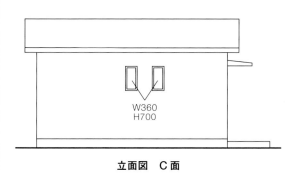

立面図　C面

断面図

（2）数量を求める（一部抜粋）

数量は、工事費を求めるための基準となる数値で、
建築費用を予測するときなどに用いられます。

数量 × 単価 ＝ 工事費

※数量を求める基準はそれぞれですが、本書では、木造建物〔1〕数量積算基準を用います。

① 基礎（布基礎の場合）

コンクリートや鉄筋、型枠などを含んだ工事費を求めるための値（数量）を求めます。

基礎率（1階床面積 1m² 当たり）　※一部抜粋

用途	種類	単位	50m² 未満	50m² 以上 70m² 未満	70m² 以上 100m² 未満	100m² 以上 130m² 未満
専用住宅	布基礎	m	1.28	1.21	1.14	1.06

木造建物〔1〕数量積算基準より

布基礎のイメージ

小数第2位を四捨五入

	数量（m）	
$\underset{\text{1階床面積}}{34.78} \times \underset{\text{基礎率}}{1.28}$	44.5	A

布基礎長 ＝ 1階床面積 × 基礎率

木造建物〔1〕数量積算基準より

・ **土間コンクリート（玄関＋ポーチ）**

	数量（m²）	
3.64 × 1.82	6.6	B

② 軸部

壁や屋根を構成する構造材、廻り縁や幅木、鴨居、敷居、建具の枠などの仕上げ材など、使用する木材の
ほとんどを含んだ工事費を求めるための値（数量）を求めます。

木材材積率（延べ床面積 1m² 当たり）　※一部抜粋

用途	柱径（mm）	柱長（m）	50m² 未満	50m² 以上 70m² 未満	70m² 以上 100m² 未満	100m² 以上 130m² 未満
専用住宅	105×105	3.00	0.21	0.20	0.19	0.18
	120×120		0.24	0.23	0.22	0.20

木造建物〔1〕数量積算基準より

	数量（m²）	
$\underset{\text{延べ面積}}{34.78} \times \underset{\text{木材材積率}}{0.21}$	7.3	C

木材材積量 ＝ 延べ面積 × 木材材積率

木造建物〔1〕数量積算基準より

③屋根

屋根の工事費を求めるための値（数量）を求めます。

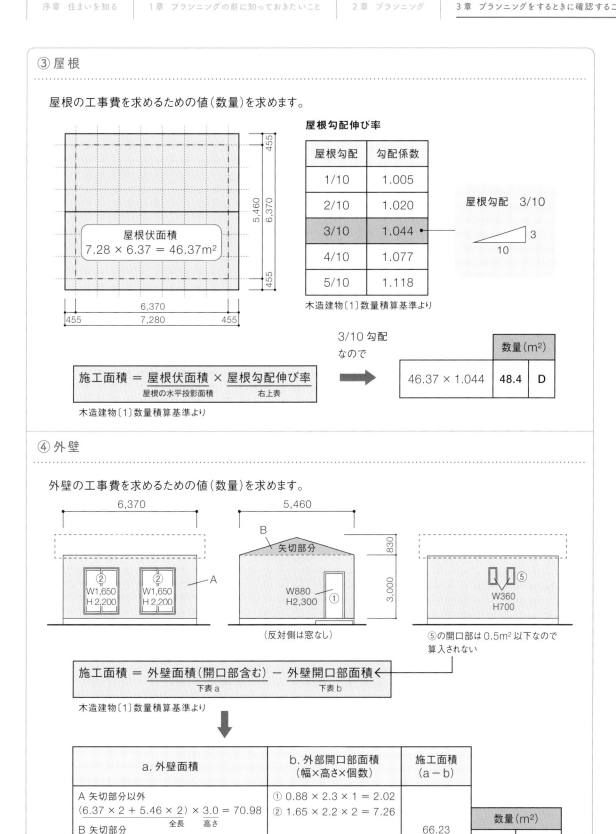

屋根勾配伸び率

屋根勾配	勾配係数
1/10	1.005
2/10	1.020
3/10	1.044
4/10	1.077
5/10	1.118

木造建物〔1〕数量積算基準より

屋根勾配　3/10

屋根伏面積
7.28 × 6.37 = 46.37m²

施工面積 ＝ 屋根伏面積 × 屋根勾配伸び率
　　　　　屋根の水平投影面積　　右上表

木造建物〔1〕数量積算基準より

3/10 勾配
なので

	数量(m²)	
46.37 × 1.044	48.4	D

④外壁

外壁の工事費を求めるための値（数量）を求めます。

⑤の開口部は 0.5m² 以下なので算入されない

施工面積 ＝ 外壁面積（開口部含む） － 外壁開口部面積
　　　　　下表a　　　　　　　　　下表b

木造建物〔1〕数量積算基準より

a. 外壁面積	b. 外部開口部面積 （幅×高さ×個数）	施工面積 （a－b）
A 矢切部分以外 (6.37 × 2 + 5.46 × 2) × 3.0 = 70.98 全長　　高さ B 矢切部分 (5.46 × 0.83 × 1/2) × 2 = 4.53 矢切部分　2面　　　合計 75.51	① 0.88 × 2.3 × 1 = 2.02 ② 1.65 × 2.2 × 2 = 7.26 合計 9.28	66.23

	数量(m²)	
	66.2	E

⑤ 内装・天井・床

内装工事などの工事費を求めるための値（数量）を求めます。
せっこうボードやビニールクロスなどを、それぞれ別々に求めます。

$$\boxed{施工面積 = \underline{外壁面積（開口部含む）} - \underline{開口部面積}}$$
下表 a　　　　　下表 b

木造建物〔1〕数量積算基準より

・0.5m² 以下の開口部は、開口部の面積に算入しないので、
　❺の開口部は算入しない。
・浴室は下地のみで、仕上げのビニールクロスは貼らない。

玄関＋LDKの壁長 と 建具の番号

玄関＋LDKの壁長 ： 青文字の数値の合計

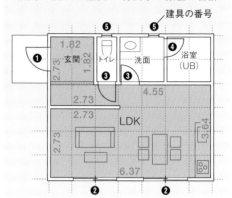

1. 内壁

部屋の種類	a. 壁の面積	b. 開口部面積	実際の壁の面積
	壁長 × 天井高	幅 × 高さ × 個数	a － b
玄関＋LDK	29.12 × 2.4 = 69.89 右上図、青文字の値の合計	① 0.88 × 2.3 × 1 = 2.02 ② 1.65 × 2.2 × 2 = 7.26 ③ 0.7 × 2.0 × 2 = 2.8 合計 12.08	57.81
トイレ	5.46 × 2.4 = 13.1	③ 0.7 × 2.0 × 1 = 1.4	11.7
洗面	7.28 × 2.4 = 17.47	③ 0.7 × 2.0 × 1 = 1.4 ④ 0.7 × 2.0 × 1 = 1.4 合計 2.8	14.67
浴室	7.28 × 2.4 = 17.47	③ 0.7 × 2.0 × 1 = 1.4	16.07

実際の壁の面積 — 小数第 3 位を四捨五入

小数第 2 位を四捨五入

数量（m²）	
せっこうボード　100.3	F
ビニールクロス　84.2	G

2. 天井

部屋の種類	天井の面積	
玄関＋LDK	1.82 × 1.82 + 6.37 × 3.64 = 26.5	26.5
トイレ	0.91 × 1.82 = 1.656	1.66
洗面	1.82 × 1.82 = 3.31	3.31
浴室	1.82 × 1.82 = 3.31	3.31

数量（m²）	
せっこうボード　34.8	H
ビニールクロス　31.5	I

3. 床

部屋の種類	床の仕様	床の面積	
LDK	フローリング	6.37 × 3.64 = 23.186	23.19
トイレ	フローリング	0.91 × 1.82 = 1.656	1.66
洗面	クッションフロア	1.82 × 1.82 = 3.31	3.31
浴室	浴室はユニットバスのため、床を張らない		

数量（m²）	
フローリング　24.9	J
クッションフロア　3.3	K

（3）工事費の計算（一部抜粋）

（2）で求めた数量に単価を掛けて、それぞれの工事費を求めます。

数量 × 単価 = 工事費

1. 木工事

（2）で求めた数量の記号

工事項目		規格・仕様など	数量	単位	単価	金額（円）
木材費	C	杉（KD）　特1級	7.3	m²	82,000	598,600
プレカット加工		内外壁大壁造	10.5	坪	6,500	68,250
せっこうボード（壁）	F	不燃　t = 12.5mm　910 × 1,820	100.3	m²	220	22,066
せっこうボード（天井）	H	準不燃 t = 9.5mm　910 × 1,820	34.8	m²	300	10,440
複合フローリング（木製）	J	12 × 303 × 1,818　3P 単板張り　基材：合板 塗装品	24.9	m²	3,830	95,367
大工工事費用		平屋建 フラット35 仕様 中級B	34.8	m²	20,800	723,840
釘・金物・接着剤		延べ面積	34.8	m²	1,680	58,464
				計		1,577,027

他にも、玄関框、窓枠、幅木や造作家具などの材料費が木工事に含まれる。

大工が現場でつくる家具のこと

2. 内装工事

材料費、下地調整、手間を含む

			数量	単位	単価	金額（円）
ビニールクロス貼り（壁）	G	普及品	84.2	m²	1,120	94,304
ビニールクロス貼り（天井）	I	普及品	31.5	m²	1,120	35,280
クッションフロア貼り	K	クッションフロア（発泡層あり）　t = 1.8mm　一般工法	3.3	m²	2,630	8,679
				計		138,263

3. 建具

				数量	単位	単価	金額（円）
外部		① アルミ玄関ドア	880 × 2,300　次ページ参照	1	セット	274,000	274,000
		② アルミ樹脂複合サッシ	1,650 × 2,200（16522）	2	カ所	92,690	185,380
		⑤ アルミ樹脂複合サッシ	360 × 700（03607）	2	カ所	37,520	75,040
内部		③ 既製品ドア　開き戸 無地パネル	780 × 2,000	2	セット	32,400	64,800
					計		599,220

一般的に、外部建具と内部建具は別々の項目で計算する。

4. 設備機器

		数量	単位	単価	金額（円）
システムキッチン	I型 L2250	1	セット	327,000	327,000
システムバス（UB）	1616（1坪）　次ページ参照	1	セット	540,000	540,000
洗面化粧台	L750	1	セット	123,700	123,700
便器	洋風便器 一体タイプ　タンク式 温水洗浄便座	1	セット	169,000	169,000
			計		1,159,700

他にも、洗濯機用防水パンやトイレの紙巻器などが設備機器工事に含まれる。

2. 工事費を求める／（3）工事費の計算（一部抜粋）

5. 基礎工事

（2）で求めた数量の記号

工事項目		規格・仕様など	数量	単位	単価	金額（円）
布基礎	A	立ち上がり幅 120 底盤幅 450mm	44.5	m	16,400	729,800
土間コンクリート	B	鉄筋コンクリート厚 120mm 金ごて仕上げ	6.6	m²	7,110	46,926
					計	776,726

他にも、束石などが基礎工事に含まれる。

6. 屋根・板金工事

		規格・仕様など	数量	単位	単価	金額（円）
下葺き	D	改質アスファルトルーフィング 21.5kg	48.4	m²	920	44,528
屋根葺き		化粧スレート 切妻 標準役物とも	48.4	m²	5,900	285,560
					計	330,088

他にも、玄関庇、樋などが屋根・板金工事に含まれる。

7. 外装工事

		規格・仕様など	数量	単位	単価	金額（円）
窯業系サイディング	E	14 × 455 × 3,030mm 塗装品	66.2	m²	4,110	272,082
		手間	66.2	m²	3,120	206,544
					計	478,626

他にも、透湿防水シートや胴縁張り、シーリング、水切りなどが外構工事に含まれる。

その他、仮設工事、断熱工事、タイル工事、左官工事、
屋内給排水工事、空調設備工事、ガス配管工事、
電気設備工事など、さまざまな費用がかかる。

この金額を積み上げていくので、
「積算」といいます！

建築にはそれだけ多くの職種があり、仕事とする選択肢もたくさんあるということですね！

窓の大きさの記号

平面図では、窓の大きさを右のように表す。

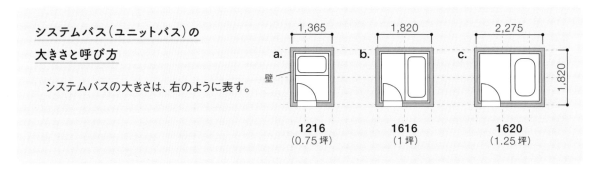

システムバス（ユニットバス）の大きさと呼び方

システムバスの大きさは、右のように表す。

索 引

謝　辞

　本書は多くの方からご指導をいただき、完成することができました。

　本書についてご意見をいただいた平嶋広幸先生、西田康志様、齋藤昌太郎様、森田真理様には深く感謝申し上げます。

　出版に関しても、多くのご意見をいただきました学芸出版社の岩切江津子様、森國洋行様、そして、本書のデザインを担当くださった美馬智様には深くお礼申し上げます。

2021 年 8 月

著者

〈参考文献〉

◆ 日本建築学会編『第 3 版 コンパクト建築設計資料集成』丸善出版、2005 年
◆ 鹿児島県土木部建築課監修『バリアフリーガイドブック』公益財団法人鹿児島県住宅リフォーム推進協議会、2019 年
◆ 楢崎雄之『図解 高齢者・障害者を考えた建築設計（改訂 2 版）』井上書院、2014 年
◆ 高齢者住環境研究所・バリアフリーデザイン研究所・伊藤勝規著『バリアフリー住宅読本（改訂新版）』三和書籍、2016 年
◆ 建築工事研究会編『積算資料 ポケット版 住宅建築編 2020 年度版』一般財団法人経済調査会、2020 年
◆ 永元博著『木造住宅の見積りとコストダウン』一般財団法人経済調査会、2016 年
◆ 建物移転料算定要領（平成 28 年 3 月 11 日付け国土用第 76 号）　別添一 木造建物調査積算要領　別添 2 木造建物数量積算基準
◆ 大川三雄・加藤純著『「奇跡」と呼ばれた日本の名作住宅』エクスナレッジ、2021 年
◆ 今村仁美・田中美都著『改訂版 図説 やさしい建築法規』学芸出版社、2019 年
◆ 今村仁美・田中美都著『図説 やさしい建築一般構造』学芸出版社、2009 年
◆ 辻原万規彦監修／今村仁美・田中美都著『図説 やさしい建築環境』学芸出版社、2009 年

著 者 略 歴

今村仁美（いまむら さとみ）

1969 年生まれ。修成建設専門学校卒業。二級建築士。1995 年アトリエイマージュ設立、主宰。
1997～2000 年修成建設専門学校非常勤講師、1999 年関西デザイン造形専門学校非常勤講師、
2000～2008 年湖東カレッジ情報建築専門学校非常勤講師を歴任。著書に『改訂版 図説 やさし
い建築法規』（共著、2019 年）、『図説 やさしい建築数学』（共著、2011 年）、『図説 やさしい建築一
般構造』（共著、2009 年）、『図説 やさしい建築環境』（共著、2009 年）、『図と模型でわかる木構造』
（辻原仁美著、2001 年）。

田中美都（たなか みさと）

1973 年生まれ。早稲田大学理工学部建築学科卒業、同大学大学院修士課程修了。一級建築士。
1997～2004 年鈴木了二建築計画事務所勤務、2006 年田中智之と TASS 建築研究所設立。
著書に『改訂版 図説 やさしい建築法規』（共著、2019 年）、『図説 やさしい建築一般構造』（共著、
2009 年）、『図説 やさしい建築環境』（共著、2009 年）。

住まいの建築計画

2021 年 9 月 25 日　第 1 版第 1 刷発行

著　　　者 …… 今村仁美・田中美都

発　行　者 …… 前田裕資
発　行　所 …… 株式会社 学芸出版社
　　　　　　　　京都市下京区木津屋橋通西洞院東入
　　　　　　　　電話 075-343-0811 　〒600-8216
　　　　　　　　http://www.gakugei-pub.jp/
　　　　　　　　info@gakugei-pub.jp
編 集 担 当 …… 岩切江津子・森國洋行

装丁・DTP …… 美馬智
印刷・製本 …… モリモト印刷